Dans le golfe du Morbihan / PHOTO Y.B.

Les itinéraires de randonnée pédestre connus sous le nom de "GR", jalonnés de marques blanc-rouge, sont une création de la Fédération française de la randonnée pédestre. Ils sont protégés au titre du code de la propriété intellectuelle. Les marques utilisées sont déposées à l'INPI. Nul ne peut en disposer sans autorisation expresse. Sentier de Grande Randonnée, Grande Randonnée pays, Promenade & Randonnée, Randocitadines, « A pied en famille », « les environs de... à pied », sont des marques déposées, ainsi que les marques de couleur blanc-rouge et jaune-rouge. Les extraits de cartes figurant dans cet ouvrage sont la propriété de l'Institut géographique national. Toute reproduction est soumise à l'autorisation de ce dernier.

3e édition : juin 2010 - ISBN 978-2-7514-0451-1 © IGN 2010 (fonds de cartes) - Dépôt légal : juin 2010

Les départements de France

Le Morbihan

... à pied®

45 PROMENADES & RANDONNÉES

À L'INITIATIVE DU COMITÉ DÉPARTEMENTAL

DE LA RANDONNÉE PÉDESTRE DU MORBIHAN

Morbihan
Conseil général

les chemins, une richesse partagée
www.ffrandonnee.fr

Bien préparer sa randonnée

Les itinéraires de Promenades et Randonnées (PR) sont en général des boucles : on part et on arrive au même endroit.

QUATRE NIVEAUX DE DIFFICULTÉS À CONNAÎTRE

Les randonnées sont classées par niveaux de difficulté. Elles sont différenciées par des couleurs dans la fiche de chaque circuit.

TRÈS FACILE **> Moins de 2 heures de marche**

Idéal à faire en famille. Sur des chemins bien tracés.

FACILE **> Moins de 3 heures de marche**

Peut être faite en famille. Sur des chemins avec quelques passages moins faciles.

MOYEN **> Moins de 4 heures de marche**

Pour les randonneurs habitués à la marche. Avec quelquefois des endroits assez sportifs et/ou des dénivelées.

DIFFICILE **> Plus de 4 heures de marche**

Pour des randonneurs expérimentés et sportifs. L'itinéraire est long et/ou difficile (dénivelées, passages délicats).

Durée de la randonnée

La durée est calculée sur la base de 3 km/h pour les balades vertes et bleues, et de 4 km/h pour les randonnées rouges et noires. La durée indiquée tient compte de la longueur et des dénivelées. Si vous randonnez avec des enfants, reportez-vous page 8.

COMMENT SE RENDRE SUR PLACE ?
En voiture

355 m
78 m / 329 m

Les dénivelées signalées dans ce guide sont approximatives et peuvent légèrement varier selon l'outil de mesure utilisé.

Tous les points de départ sont en général accessibles par la route. Un parking est situé à proximité du départ de chaque randonnée. Ne laissez pas d'objet apparent dans votre véhicule.

Veillez à ce que votre véhicule ne gêne pas le passage des engins forestiers ou agricoles, même le dimanche. Il est interdit de stationner derrière les barrières de routes forestières.

Par les transports en commun

L'accès par les transports en commun est signalé à la rubrique Situation de chaque itinéraire. Attention, certains services sont réduits ou inexistants les week-ends, jours fériés et période de congés scolaires. SNCF > tél. 36 35 (0,34 euro/minute) ou www.voyages-sncf.com

L'ÉQUIPEMENT D'UNE BONNE RANDONNÉE
Les chaussures

Les chaussures de randonnée doivent être confortables et garantir un bon maintien du pied et de la cheville. Si elles sont neuves, prenez le temps de les faire à votre pied avant. Les tennis seront limitées à une courte marche d'une ou deux heures.

Le sac à dos

Un sac de 20 à 40 L conviendra largement pour les sorties à la journée.

Les vêtements

Le système des « 3 couches » est fondamental : sous-vêtement en fibres synthétiques, pull ou sweat en fibre polaire, coupe-vent, de préférence respirant.

Équipement complémentaire

Une paire de lacets, de la crème solaire, une casquette, des lunettes, une trousse de secours, une boussole, un appareil photo.

BIEN PRÉPARER SA RANDONNÉE

4 indispensables à ne pas oublier !

1 > Bien s'hydrater

La gourde est l'accessoire indispensable, été comme hiver.

3 > Mieux observer

En montagne ou dans un parc, **une paire de jumelles**.

2 > Toujours dans la poche !

Un couteau multifonctions.

4 > Mieux se repérer

Une lampe torche en cas de tunnel, grotte.

Autres > un pique-nique ou, pour les courtes marches, quelques provisions qui aideront à terminer un itinéraire, surtout avec des enfants.

QUAND RANDONNER ?

Avant de partir, toujours s'informer sur le temps prévu :
Météo France : tél. **32 50** ou www. meteo.fr

En période estivale

Les journées longues permettent les grandes randonnées, mais attention au coup de chaleur. Il faut s'astreindre à boire beaucoup : environ cinq à six gorgées toutes les 20 minutes, soit au minimum 1,5 L d'eau par personne pour une demi-journée de marche.

En automne-hiver

Pendant la saison de la chasse, de fin septembre à fin février, ne vous écartez pas des chemins balisés, qui sont tous des chemins ouverts au public (de chaque côté du chemin, le terrain est propriété privée). En hiver, veillez à ne pas déranger la faune sauvage, observez les traces sans vouloir les suivre.

DÉSAGRÉMENTS ET DANGERS

L'orage

Ne pas rester debout sous un arbre ou un rocher, ou près d'une cabane ; s'éloigner des cours d'eau et des pylônes. S'accroupir sur ce qui peut être isolant (sac, corde), tenir les deux pieds bien serrés.

La chaleur excessive

Protégez-vous la tête et le corps, buvez souvent. Dès les premiers signes (maux de tête, nausées), il est indispensable de s'arrêter, de se mettre à l'ombre et de boire frais à petites gorgées.

La baignade

Le danger principal est le choc thermique. Il faut entrer progressivement dans l'eau, et renoncer en cas de sensation anormale (grande fatigue, vertige, bourdonnements d'oreille...).

**n° d'urgence
Secours 112
Pompiers 18
Samu 15
Gendarmerie
17**

Marcher le long d'une route

Mieux vaut marcher en colonne le long d'une route. La nuit, chaque colonne empruntant la chaussée doit être signalée à l'avant (feu blanc ou jaune) et à l'arrière (feu rouge).

Quelques adresses pour vous aider

OFFICES DE TOURISME DU MORBIHAN (OT) ET SYNDICATS D'INITIATIVE (SI)

Ouverts toute l'année
- Auray, tél. 02 97 24 09 75
- Baud, tél. 02 97 39 17 09
- Belle-Ile-en-Mer, tél. 02 97 31 81 93
- Carnac, tél. 02 97 52 13 52
- Erdeven, tél. 02 97 55 64 60
- Guer, tél. 02 97 22 04 78
- Josselin, tél. 02 97 22 36 43
- Le Faouët, tél. 02 97 23 23 23
- La Gacilly, tél. 02 99 08 21 75
- Locminé, tél. 02 97 60 00 37
- Lorient, tél. 02 97 21 07 84
- Muzillac, tél. 02 97 41 53 04
- Ploërmel, tél. 02 97 74 02 70
- Plouay, tél. 02 97 33 11 14

- Pontivy, tél. 02 97 25 04 10
- Quiberon, tél. 08 25 13 56 00
- Rochefort-en-Terre, tél. 02 97 43 33 57
- Sarzeau, tél. 02 97 41 82 37
- Vannes, tél. 08 25 13 56 10

Ouverts en saison
- Cléguérec, tél. 02 97 38 00 15
- Elven, tél. 02 97 53 31 13 (mairie)
- Grand-Champ, tél. 02 97 66 77 11
- Ile-aux-Moines, tél. 02 97 26 32 45
- Larmor-Baden, tél. 02 97 57 24 65
- Ploemeur, tél. 02 97 82 95 97
- Port-Louis, tél. 02 97 82 59 59
- Saint-Aignan, tél. 02 97 27 51 39

COMITÉ RÉGIONAL DE TOURISME (CRT)
Le Comité régional du Tourisme publie des brochures d'informations touristiques (gratuites) sur la région
- CRT de Bretagne, tél. 02 99 28 44 40

COMITÉ DÉPARTEMENTAL DU TOURISME (CDT)
- CDT du Morbihan, P.I.B.S., allée Nicolas Le Blanc, BP 408, 56010 Vannes Ccdex,
tél. 0 825 13 56 56, e-mail : informations-touristiques@morbihan.com

LA FÉDÉRATION FRANÇAISE DE LA RANDONNÉE PÉDESTRE
- Le Centre d'information
Pour tous renseignements sur la randonnée en France et sur les activités de la Fédération française de la randonnée pédestre :
64 rue du Dessous-des-Berges, 75013 Paris / M° Bibliothèque François-Mitterrand, ouvert du lundi au vendredi de 10 h à 18 h, tél. 01 44 89 93 93, fax 01 40 35 85 67, e-mail : info@ffrandonnee.fr ; Internet : www.ffrandonnee.fr

COMITÉ RÉGIONAL DE LA RANDONNÉE PÉDESTRE DE BRETAGNE
- Etic Center, 9 rue des Charmilles, 35510 Cesson-Sévigné, tél. 02 23 30 07 56,
e-mail : randobretagne@orange.fr

COMITÉ DÉPARTEMENTAL DE LA RANDONNÉE PÉDESTRE DU MORBIHAN
- Maison du Sport, 9 allée François-Joseph Broussais, Parc d'activité du Ténénio, 56000 Vannes,
tél. 02 97 40 85 88, e-mail : rando56@wanadoo.fr ; Internet : assoc.wanadoo.fr/rando56

A CHACUN SON RYTHME...

Les enfants jusqu'à environ 7 ans

Sur le dos de ses parents jusqu'à 3 ans, l'enfant peut ensuite marcher, dit-on, un kilomètre par année d'âge. Question rythme, on suppose une progression horaire de 1 à 2 km en moyenne.

De 8 à 12 ans

On peut envisager des sorties de 10 à 15 km. Les enfants marchant bien mieux en groupe, la présence de copains favorisera leur énergie. Si le terrain ne présente pas de danger, ils apprécieront une certaine liberté, en fixant des points de rendez-vous fréquents.

Les adolescents qui sont en pleine croissance ont des besoins alimentaires plus importants que les adultes.

Les seniors

La marche a pour effet la préservation du capital osseux, et fait travailler en douceur l'appareil cardio-vasculaire. Un entretien physique régulier de 30 minutes à 1 heure de marche quotidienne est requis pour envisager de plus longues sorties. Un bilan médical est recommandé.

Photo © N. Vincent.

Des topo-guides® écologiques

L'orchidée qui fleurit sur nos chemins est fragile, puisqu'une espèce sur six est menacée de disparition.

Soucieuse de cette nature à préserver, quoi de plus naturel pour la **FFRandonnée** que de s'inscrire dans une démarche de **développement durable** ?

Ainsi, tous nos imprimeurs partenaires bénéficient des certifications Imprim'vert et PEFC®, garantie d'une production écologiquement contrôlée des topo-guides® (gestion des déchets par récupérateurs agréés, recyclage, utilisation d'encres à pigments non toxiques, aucun rejet en réseaux d'évacuation publics…).

Le papier utilisé est par ailleurs lui-même certifié, attestant qu'il provient systématiquement de bois issu de forêts gérées durablement.

IMPRIM'VERT

PEFC

Où se restaurer et dormir dans la région ?

TROIS TYPES D'APPELLATION

1 **Alimentation** > pour un pique-nique : épicerie, boucherie ou traiteur, à la découverte des produits locaux.

2 **Restauration** > un café ou un restaurant, pour reprendre son souffle et savourer les spécialités du terroir.

3 **Hébergement** > de nombreuses possibilités d'hébergement existent : pour plus d'informations, **consulter le comité départemental du tourisme ou les offices de tourisme locaux.**

• • • Tableau des ressources

⊘	🛒	🍴	🏠
Allaire	•	•	•
Bieuzy-les-Eaux	•	•	•
Bignan		•	
Bubry	•	•	•
Camors	•	•	•
Campénéac	•	•	•
Férel		•	•
Grand-Champ	•	•	•
Guégon		•	•
Guidel	•	•	•
Inguiniel	•	•	•
Inzinzac-Lochrist	•	•	•
La Gacilly	•	•	•
Langonnet	•	•	
Lanvaudan	•	•	•
La Chapelle-Neuve	•		•
Le Bono	•	•	•
Le Faouët	•	•	•
Le Saint		•	•
Lizio	•	•	•
Mauron	•	•	•

⊘	🛒	🍴	🏠
Monteneuf		•	
Mohon	•	•	
Moustoir-Ac	•	•	•
Muzillac	•	•	•
Nostang	•	•	•
Noyal-Muzillac		•	•
Ploemel	•	•	•
Ploemeur	•	•	•
Ploeren	•	•	•
Ploërdut	•	•	•
Plouhinec	•	•	•
Pont-Scorff	•	•	•
Questembert	•	•	•
Quiberon	•	•	•
Rochefort-en-Terre		•	•
Saint-Aignan	•	•	•
Saint-Avé	•	•	•
Saint-Dolay	•	•	•
Saint-Gildas-de-Rhuys	•	•	•
Saint-Laurent-sur-Oust			•
Sulniac	•	•	•

BIBLIOGRAPHIE

Pour mieux connaître la région

CONNAISSANCE GÉOGRAPHIQUE, TOURISTIQUE ET HISTORIQUE DE LA RÉGION
- Aubert S. et Benferhat K., *Le Canal de Nantes à Brest*, éd. Ouest-France
- Briard J., *Dolmens et menhirs*, éd. Gisserot
- Gancel H., *Les Saints qui guérissent en Bretagne*, éd. Ouest-France
- Guigny A., *Les Chemins du Tro Breizh*, éd. Ouest-France
- Huchet P., *Georges Cadoudal et les Chouans*, éd. Ouest-France
- Le Lamer M., *L'Ostréiculture de la rivière*, éd. La Vigie
- Le Stum P., *Arts populaires de Bretagne*, éd. Ouest-France
- Lédan D. et Thiébault J.Y., *Golfe du Morbihan – Grandeur nature,* éd. Keltia graphic
- Minois G, *Nouvelle histoire de Bretagne*, éd. Fayard
- Morvan F., *Contes populaires de la Basse Bretagne*, éd. Terre de Brume
- Rio B. et Buytaert J.L., *Terroirs de Bretagne,* éd. Ouest-France
- Thorel J., *Aimer la cuisine de Bretagne*, éd. Ouest-France
- *Patrimoine naturel de Bretagne – Curieux de nature,* éd. Ouest-France

GUIDES
- *Guides bleus, Bretagne sud*, éd. Hachette
- *Le Petit futé, Morbihan – Vannes-Lorient,* éd. Les Nouvelles éditions de l'Université
- *Morbihan*, éd. Gallimard

HÉBERGEMENT
- A. et S. Mouraret, *Gîtes d'étapes et Refuges, France et frontières*, site internet : www.gites-refuges.com

SUR LA RANDONNÉE
- Lapointe P., *Les plus belles promenades en famille*, éd. Ouest-France.
- GR® 34 *Le littoral et les îles du Morbihan*, éd. FFrandonnée

Pour connaître la liste des topo-guides de la Fédération française de la randonnée pédestre, on peut consulter le catalogue sur le site www.ffrandonnee.fr.

CARTES DE LA RÉGION
- **CARTES IGN AU 1 : 25 000 : N°** 0718 E ET O, 0719 E ET O, 0720 ET, 0818 E, 0819 E ET O, 0820 E ET O, 0821 OT, 0918 O, 0919 E ET O, 0920 E ET O, 0921 OT, 0929 O, 1018 E, 1019 E ET O, 1020 E ET O, 1021 E ET O, 1022 OT, 1119 O, 1120 O
- **CARTES IGN AU 1 : 100 000 N°** 123, 124
- **CARTES MICHELIN AU 1 : 200 000 N°** 612

Rejoignez-nous et randonnez l'esprit libre

Pour mieux connaître la fédération, les adresses des associations de votre département, pour tout savoir sur l'actualité de la randonnée, pour adhérer ou découvrir la collection des topo-guides.

Tout sur
www.ffrandonnee.fr

FFRandonnée

FFRandonnée

TopoGuides **GR**®
Une collection exclusive

Pour les amoureux de nature et les sportifs aimant les vraies aventures.

L'outil indispensable pour bien préparer sa rando et cheminer l'esprit serein.

Près de 80 titres dans toute la France.

TopoGuides®

GR®

Grande Randonnée

La grande traversée des **Alpes**

Plus de **15 jours** de randonnée

GR 5

FFRandonnée
www.ffrandonnee.fr

Tout le catalogue en ligne
www.ffrandonnee.fr

TopoGuides®
La meilleure façon de marcher

Création : Sarbacane Design

Suivez les balisages de la **FFRandonnée**

LES TYPES DE BALISAGE

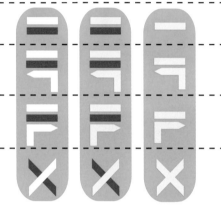

Type d'itinéraires	**1** GR®	**2** GR PAYS®	**3** PR®
Bonne direction			
Tourner à gauche			
Tourner à droite			
Mauvaise direction			

1 Grande Randonnée / **2** Grande Randonnée de Pays / **3** Promenade & Randonnée

MARQUAGES DES BALISAGES

Le jalonnement des sentiers consiste en marques de peinture sur les arbres, les rochers, les murs, les poteaux. Leur fréquence est fonction du terrain.

Les baliseurs : savoir-faire et disponibilité

Pour cheminer sereinement, 6 000 bénévoles passionnés s'activent toute l'année, garants d'un réseau de 180 000 kilomètres de sentiers, sélectionnés et aménagés selon des critères de qualité.

PARCE QUE VOTRE PASSION EST SANS LIMITE...

PASSION RANDO
LE PREMIER MAGAZINE DES PASSIONNÉS DE LA RANDO

Jeannie Longo,
La rando coup de cœur
d'une athlète d'exception

CÔTE D'OR
Les sentiers de la dégustation

Enquête
Joindre l'utile à l'agréable
Travailler son capital santé en marchant...

Rando Pérou
Cordillère Blanche
Partez en trek pour la traversée intégrale d'une des plus belles chaînes des Andes

Pratique
Gants et bonn
Sortez couvert !
Conseils
L'art et la manière de faire son sac

4 numéros par an pour :

✚ de randos d'ici et d'ailleurs

✚ d'infos pratiques

✚ d'implication en faveur des sujets de société

✚ d'infos locales

Conception : L2R

SPÉCIAL ADHÉRENT

Vous êtes adhérents de la Fédération, vous pouvez payer votre abonnement à **Passion Rando Magazine 4 €
seulement** en même temps que votre cotisation annuelle (licence et randocarte®)

Contactez votre club de randonnée ou votre Comité Départemental de la Randonnée Pédestre

▷ **Abonnez-vous via internet** sur :
www.ffrandonnee.fr, rubrique « **boutique**

ou

▷ **Abonnez-vous par courrier** :
envoyez sur papier libre vos coordonnées accompagnées d'un chèque de **8 € à l'ord**
de FFRandonnée à l'adresse suivante :
SIF FFRandonnée SEII télémat - 14490 Litte

 FFRandonnée
les chemins, une richesse partagée
www.ffrandonnee.fr

LA **FFRandonnée** AUJOURD'HUI ?

La Fédération française de la randonnée pédestre, c'est plus de 190 000 adhérents, 3 000 associations affiliées, 180 000 km de sentiers balisés GR® et PR®, 120 comités régionaux et départementaux, 4 000 animateurs, 6 000 baliseurs bénévoles, 260 topo-guides, un magazine de randonnée *Passion Rando Magazine* et un site Internet : www.ffrandonnee.fr.

PARTENARIAT : engagé depuis 1992, GDF Suez soutient l'ensemble des secteurs d'activités de la Fédération : sentiers, balisage, édition et information du grand public.

Passion Rando Magazine, le magazine des randonneurs

Passion Rando Magazine apporte aux amoureux de la rando et d'authenticité toutes les pistes de découverte des régions de France et à l'étranger, les propositions d'itinéraires, d'hébergements et des bonnes adresses.

Des sentiers balisés à travers toute la France

En valorisant les actions locales d'engagement pour la défense de l'environnement et d'entretien des sentiers, Passion Rando Magazine porte un message sur le développement durable, la préservation de la nature et du réseau d'itinéraires de randonnée pédestre.

Abonnez-vous sur www.ffrandonnee.fr

PASSION RANDO

PARTEZ TRANQUILLE AVEC LA RandoCarte®
4 atouts au service des randonneurs

- Une assurance spéciale « randonnée »
- Une assistance 24/24 h et 7/7 jours en France comme à l'étranger
- Des avantages quotidiens pour vous et vos proches
- Un soutien à l'action de la Fédération française de la randonnée pédestre et aux bénévoles qui entretiennent vos sentiers de Grande Randonnée et de Promenades et Randonnées

Vous aimez la randonnée

Depuis plus d'un demi-siècle, la Fédération vous propose une assurance, adaptée et performante dont profitent déjà plus de 190 000 passionnés. Faites confiance à la RandoCarte® : elle vous est conseillée par des spécialistes du terrain, passionnés de randonnée…

Une fois encore, ils vous montrent le chemin !

Morbihan
Conseil général

Le Morbihan, situé sur la côte sud de la Bretagne, tient son nom de sa petite mer intérieure (Mor Bihan en breton) où dit-on les îles sont aussi nombreuses que les jours de l'année.
Sur les sentiers côtiers, la mer offre au fil des kilomètres des paysages variés, des falaises de la côte sauvage, en passant par les rivages découpés de ses estuaires et de ses rias, jusqu'aux plages dunaires bordées de sites mégalithiques.

Dans l'intérieur, manoirs, châteaux, chapelles et fontaines marquent le paysage de leurs architectures originales.
Le Blavet, le canal de Nantes à Brest et la Vilaine constituent un axe fluvial, liaison idéale pour découvrir cités médiévales et bourgs de caractère… Témoins de son riche passé.

Le Morbihan c'est pour vous :

- **1300 km** de sentiers de Grande Randonnée (GR®), avec **500 km** de sentiers côtiers en bord de mer, dont 180 km autour du golfe.
- **240 km** de chemins de halage.
- Une multitude de sentiers de petite randonnée pédestre, équestre et VTT.

Guide des randonnées en ligne :
www.morbihan.

Conseil général du Morbihan - Hôtel du Département : rue St Tropez - 56009 Vannes cedex - Tél. 02 97 54 80

Découvrir
Le Morbihan

Entre **terre** et **mer**

L e golfe, petite mer enchâssée dans le massif armoricain, a donné son nom au département: Morbihan. Il compte, dit-on, autant d'îles que de jours dans l'année. Ici, au pays du sinagot et du dundee-thonier, l'eau est reine. Elle s'étend sur quelque 260 km de voies navigables et 420 km de littoral entre Guidel et la pointe du Bile à Pénestin. Les courants chauds du Gulf Stream et la clémence d'une température océanique favorisent l'épanouissement d'une végétation luxuriante. Terre de contraste où alternent archipels, falaises, dunes, estrans rocheux et sous-bois ombragés. Terre de marins et de paysans, balayée par les tempêtes d'équinoxe, qui retrouve sa quiétude à chaque printemps naissant. A l'horizon, en plein Atlantique, trônent, majestueuses, les îles de Groix, Houat, Hoëdic et Belle-Ile, si bien nommée. Voici Vannes, Gwened, « la blanche » en breton. Dans ce petit port ont transité pendant des siècles les navires chargés de blé, de sel ou des précieuses toiles de lin. Un peu plus loin, la citadelle de Port-Louis veille sur les cinq ports de Lorient tandis que la presqu'île de Quiberon s'étire dans le prolongement des dunes d'Etel et d'Erdeven. La remontée du Blavet puis de l'Oust entraîne le voyageur à Pontivy, Josselin, fief des Rohan, non loin de la forêt de Brocéliande. La balade se fait voyage dans l'histoire avec la traversée de villes d'art comme Auray, et de petites cités de caractère : de Josselin pays du Porhoët, Lizio, Rochefort-en-Terre, Malestroit ou la Roche-Bernard à l'embouchure de la Vilaine. De tout temps, l'homme a séjourné en Morbihan comme en témoignent les alignements de pierres de Carnac, Monteneuf ou les signes magiques de Gavrinis. Autant de témoins debout d'une histoire qui se construit.

PHOTOS (DE GAUCHE À DROITE)
PORT-LOUIS / PHOTO CDT 56
POUTRES SCULPTÉES. / PHOTO J.C.
ORCHIS MACULÉE / PHOTO Y.B.,
CORMORANS HUPPÉS/ PHOTO E.B.

HUÎTRE CREUSE / DESSIN P.R.

Sa **faune**

Chaque coin de Morbihan est riche de sa faune. La sterne se plaît dans l'archipel d'Houat et Hoëdic, bien que traquée par le goéland marin, qui a élu domicile dans les hauteurs des îles et le goéland brun qui lui, sillonne les plages. Au sommet des vagues moutonneuses, souvent en rase-mottes, l'on aperçoit le cormoran huppé en quête d'un poisson étourdi tandis qu'au-dessus des bateaux, au retour de pêche, tournoient les goélands argentés, voraces et conquérants.

Loin des hommes et des bruits, le pipit maritime tente de séduire sa compagne tandis que le crave à bec rouge, sorte de petit corbeau, le pétrel fulmar et le pigeon biset chassent leurs proies. Dans les zones marécageuses, se font plus discrets le héron cendré, le tadorne, le grèbe huppé ou le courlis cendré. Infatigables, le chevalier gambette, l'aigrette et le bécasseau variable picorent la vase du haut de leurs échasses. Et sans cesse, chaque soir, la mouette rieuse et le vanneau huppé font la navette entre la terre et la zone littorale. Dans les landes et les tourbières, le busard cendré, la linotte ou la fauvette pitchou font entendre leurs cris à celui qui sait l'entendre, tandis qu'au-dessus de nos têtes, vole soudain sur place le faucon crécerelle, les yeux rivés sur un campagnol égaré. Un bruit, et voici le bruant jaune ou le busard cendré qui s'envolent, apeurés. Dans les landes les plus hautes, le verdier protège vaillamment son nid.

Grâce à la reconquête de la qualité des eaux, le saumon a fait son retour dans celles du Blavet et du Scorff, compagnon de la truite fario et mille autres poissons argentés. Un instant de quiétude en bord de rivière, et peut-être verrez-vous alors virevolter entre les branches de saules le martin-pêcheur au plumage de mille feux !

GORGE-BLEUE À MIROIR /
DESSIN P.R.

MARTIN-PÊCHEUR / PHOTO D.L.

PÉNERF /PHOTO P.B.

Sa **flore**

L<small>AVATÈRE ARBORESCENT</small> / <small>PHOTO</small> P.B.

O<small>RCHIS LAXIFLORA</small> / <small>PHOTO</small> C.I.

La violence des vents maritimes et le goût du sel ont façonné la flore du littoral. Arbres torturés, lande épineuse, herbe rase et éparse… La lutte, sur la dune, est sans concession. Sur la roche mise à nue, les lichens s'enflamment en permanence de gris, de jaune, de noir parfois. Le genêt maritime, aux formes tordues, sait se faire d'or en été tandis que l'armérie couvre de rose délicat les pentes de la falaise et que la bruyère vagabonde à l'ombre des pins, choisissant par bien-être, les sols acides. La terre de Bretagne compte trois espèces d'ajonc; celui d'Europe est ici le plus développé. Dans le golfe du Morbihan, les marées dévoilent des îlots parsemés de pelouses, d'herbiers et autres salines qui font le bonheur d'une faune sans cesse affamée. Dans les îles, l'œillet sauvage, rare et délicat, sait surprendre le botaniste. La dune est en danger, trop souvent piétinée et envahie. D'importants travaux ont été entrepris pour tenter de la sauver. Planté en grand nombre, l'oyat maintient le sable tout comme le liseron des champs ou le panicaut maritime, petit chardon bleu aux feuilles agressives. Dans les dunes restées sauvages, peut-être verrez-vous s'épanouir l'immortelle des sables, aux senteurs si particulières, ou l'ophrys abeille, orchidée belle et discrète. Au fond de la ria d'Etel, transition entre l'eau douce et l'eau saumâtre, s'épanouissent la spartine, la lavande de mer tandis que de très denses roselières envahissent les marais de Séné, de Suscinio, du Duer, de Vilaine et des étangs de Branguily. À l'Est du département, à l'ombre des chênes, châtaigniers, hêtres et ormes champêtres, une balade s'impose au cœur de la basse vallée de l'Oust, seul ensemble paysager classé grand site naturel en Bretagne intérieure.

A<small>JONCS</small> / <small>DESSIN</small> N.L.

Sa **culture**, son **patrimoine**

FENÊTRE EN GRANIT / PHOTO J.C.

L'histoire du Morbihan est inscrite dans la pierre. L'homme a élu domicile ici depuis des lustres, vouant à ses dieux et ses croyances de gigantesques monuments, menhirs, dolmens, cairns et tumulus. Lignes courbes et brisées, serpents, haches ornent parfois les dalles comme celles de Gavrinis, petite île des chèvres. La christianisation qui suit, mettra à mal ces témoins, dont bon nombre ont été érigés entre le cinquième et le deuxième millénaire avant notre ère. Vers 450 avant Jésus-Christ, les Celtes, venus d'Europe centrale, s'installent dans le Morbihan, côtoyant Vénètes et Romains. Les invasions barbares s'enchaîneront jusqu'au IVe siècle, date à laquelle Bretons, Irlandais et Gallois fondent le royaume de Bretagne. Au XIVe siècle, il est temps de se protéger des Francs et envahisseurs de toutes sortes qui débarquent sur les plages. Alors, l'architecture militaire se développe et les forteresses fleurissent comme celle de Suscinio. Elles deviendront plus compactes, comme celle de Port-Louis, pour faire face au feu de l'ennemi et occuperont alors les zones stratégiques du littoral. Colbert fait de Lorient, siège de la Compagnie des Indes orientales, un port de guerre. Belle-Ile se dote d'une citadelle conçue d'après les modèles de Vauban. En 1490, Jean II de Rohan entreprend la construction du château de Josselin. A partir du XVIIe, les nobles s'installent dans de confortables manoirs et demeures sans omettre d'y graver leurs emblèmes dans la pierre. La maison paysanne est basse, sobre, souvent couverte de chaume. Partout, l'on bâtit des moulins, à eau, à marée ou à vent. Dans le clocher réside bien souvent tout l'orgueil de la société villageoise.

CHÂTEAU DE PONTIVY / PHOTO CDRP 56

Pendant des siècles, on parle la langue bretonne à l'ouest d'une ligne qui relie Rohan à Muzillac, tandis qu'à l'est, domine le gallo, de langue romane. D'importants efforts sont menés pour sauver ces deux langues, parties intégrantes du patrimoine.

Grâce au bois d'œuvre qui abonde dans les forêts, le Morbihan se distingue par la richesse de son mobilier. Armoires, bonnetières et autres lits clos s'ornent souvent de clous dorés. Chaque commune du département regorge de trésors et mobilier religieux; pendant des années, toute l'activité artistique se concentre sur la représentation divine et l'expression d'une foi sans limites.

Mais le clergé a fort à faire, face à une population restée fidèle aux rites et croyances anciens. Les contes et légendes sont pleins d'histoires de revenants, fées et ankou. Chaque année, le pardon réunit les paroisses et donne l'occasion d'exhiber bannières, objets de culte et statues. Celui de Sainte-Anne-d'Auray rassemble les croyants de toute la région; à Groix, on prie Notre-Dame de Larmor lors de la bénédiction des Courreaux.

Le Breton est accueillant et sait recevoir. Sur la table, fume l'appétissante cotriade faite de poissons et crustacés cuits dans leur jus avec légumes et aromates, un plat traditionnel, autrefois préparé à même le pont du bateau. Le beurre ne se déguste ici que salé. Du côté de Plouharnel et Guémené-sur-Scorff, on prépare les pâtés, andouilles et saucissons selon des méthodes ancestrales qui se transmettent de mère en fille. De Quiberon, d'Etel ou du Golfe, l'huître est reine et trône sur tous les plateaux de fruits de mer. Dans le pays de Redon, on prépare encore les paws (bouillie de sarrasin mélangée aux pommes de terre). Au moins une fois par semaine, on déguste la crêpe de froment ou la galette de blé noir, agrémentée d'une bolée de cidre fermier.

UN PEU D'HISTOIRE

PARTIR TENTER SA CHANCE EN AMÉRIQUE

En 1880, nombreux sont ceux qui ne parviennent pas à tirer de la terre un revenu suffisant pour subsister avec leurs familles. L'argent gagné par les premiers migrants en Amérique fait rêver. Alors, plusieurs centaines de paysans et travailleurs agricoles tentent leur chance de l'autre côté de l'Atlantique. Les usines, les exploitations agricoles et forestières accueillent les premiers aventuriers. Puis le mouvement prend de l'ampleur. Gourin et Le Saint constituaient il y a quelques années, le quart de la communauté bretonne de New-York. En 1993, l'Association Bretagne-Trans-America crée au château de Tronjoly le Centre de rayonnement de la Bretagne et des Bretons dans le monde. Les deux structures fondent en 1999 Bretagne-North America.

STATUE DE LA LIBERTÉ À GOURIN / PHOTO Y. B.

Saint-Trémeur

Au carrefour du chemin, vous découvrirez les chapelles Saint-Trémeur et Saint-Méen. Une halte s'impose à l'ombre des ifs centenaires, non loin de la fontaine à fronton, à l'Est de l'édifice religieux.

1 Revenir au carrefour de la rue principale, suivre la rue à droite sur 100 m, puis bifurquer à gauche. Après le cimetière, continuer par le chemin de terre en direction de Quinquis-Saouter. Laisser le hameau à droite, couper la route, franchir le vallon et atteindre Beuz *(hameau en partie ruiné)* sur la colline en face. Emprunter la petite route qui monte au Nord jusqu'au carrefour de Penfrat. Après le croisement, s'engager dans le chemin en face. Il s'élève jusqu'à la croix de Kerflao, située à droite.

2 Au croisement des chemins, prendre le chemin à gauche vers le Sud-Ouest. Au carrefour routier, suivre la route à gauche pour atteindre Guern-Mazéas.

> A 100 m à gauche, possibilité de voir la chapelle Saint-Méen XVIᵉ et ses ifs centenaires, puis la fontaine à fronton et son blason comtal.

3 Poursuivre par la petite route vers le Sud sur 1,250 km. Laisser la route de Garzanleuriou à gauche et continuer sur quelques mètres.

4 S'engager sur le chemin de terre à droite. Il descend vers l'Ouest sur 1 km. Avant le ruisseau, le chemin s'oriente au Sud-Ouest. Longer le ruisseau principal sur 3 km sans le franchir, en restant sur la rive gauche. En vue de la chapelle Saint-Trémeur, traverser la prairie pour la rejoindre.

5 Partir au Sud-Est pour franchir le ruisseau et emprunter le chemin de terre qui monte à Coat-Naon. Traverser la D 187 et continuer par la petite route en face sur 200 m.

6 S'engager à gauche sur le chemin qui descend au Nord-Est. Emprunter la D 187 à droite en direction de la place du Saint.

> Avant de remonter à l'église, descendre à droite à la fontaine de la Dévotion, à 100 m.

S **SITUATION**
Le Saint, à 45 km au Nord de Lorient par la D 769

P **PARKING**
place de l'Eglise

/ **DÉNIVELÉE**
altitude mini et maxi, dénivelée cumulée à la montée

216 m

85 m / 270 m

B **BALISAGE**
jaune

! **DIFFICULTÉS !**
passages humides entre **4** et **5**

À DÉCOUVRIR...

> **En chemin :**
• Saint-Méen : chapelle XVIᵉ • chapelle Saint-Trémeur XVIIᵉ • Le Saint : fontaine de Dévotion

> **Dans la région :**
• Priziac : parc aquanature du Stérou • Le Faouët : musée (exposition de peintures locales), cité des Fourmis et de l'Abeille vivante, halles • Gourin : vue sur les Montagnes Noires, château de Tronjoly • Roudoualec : if (circonférence : 8,40 m, entre 500 et 700 ans)

SÉRÉNITÉ À L'ABBAYE DE LANGONNET

Le duc de Bretagne Conan III fonde l'abbaye de Langonnet en 1136, à la demande de sa mère, Ermengarde, à l'endroit même où vivait saint Gonnec au Ve siècle. A la fin du XVe siècle, l'abbaye est pillée par les Ligueurs. Il faut attendre le début du XVIIe siècle pour que l'abbé Paul de Buonacourci envisage sa restauration. Un incendie la détruit en 1788. Elle sera rénovée en 1803 sous le Concordat.

De 1808 à 1856, le haras impérial prend possession des murs avant de laisser la place à la congrégation du Saint-Esprit d'Hennebont qui rend à l'abbaye sa destination religieuse. Une quarantaine de prêtres âgés y passent aujourd'hui une paisible retraite. L'abbaye abrite leur musée colonial africain. Fin juillet, on y fête Saint-Maurice, fondateur de l'abbaye de Clohars-Carnoët.

ABBAYE ET CLOÎTRE DE LANGONNET / PHOTO Y. B.

Saint-Maur

Saint-Maur serait le nom de l'ancien bourg de Langonnet, créé au Ve siècle. C'est ici, sur le versant Sud des Montagnes Noires, qu'au XIXe siècle, la Bretagne devra par la force se soumettre aux Francs.

BERGERONNETTE DES RUISSEAUX / DESSIN P.R.

1 Emprunter la petite route plein Ouest vers Saint-Maur.

2 A la bifurcation, tourner à droite et descendre par le chemin. Franchir la rivière de Langonnet et remonter par le chemin à travers bois. Prendre la route à gauche pour gagner Minez-Lévenez.

3 Dans le village, continuer par le chemin en face, au Sud, sur 500 m.

4 À l'intersection, tourner à droite, puis longer le ruisseau vers la gauche. Suivre la route à droite et gagner Botven. Dans le hameau, se diriger à gauche puis, à la sortie, emprunter le chemin à gauche (sud).

5 A la bifurcation, continuer par le chemin en face et, à l'intersection suivante, prendre le chemin à gauche. Il mène à Barlégan. Emprunter la route à gauche, passer Coat-ar-Ran et poursuivre au Nord sur 500 m.

6 Monter dans le bois et longer la lisière jusqu'au carrefour de Bodéro (*calvaire*).

7 Prendre le chemin qui monte près du menhir et retrouver l'intersection de l'aller.

4 Rejoindre tout droit Minez-Lévenez.

3 Dans le hameau, descendre à droite, tourner à gauche vers la rivière et la longer jusqu'à la ruine du moulin. La franchir, puis suivre la rive et remonter à la fontaine Notre-Dame-des-Forces. Se diriger à droite, puis traverser à gauche le hameau de Saint-Maur et retrouver la bifurcation de l'aller.

2 Tourner à droite pour regagner le parking.

PR® 2

FACILE

3H • 10KM

S **SITUATION**
Langonnet, à 45 km au Nord de Lorient par les D 769, D 790 et D 121

P **PARKING**
cimetière

/ **DÉNIVELÉE**
altitude mini et maxi, dénivelée cumulée à la montée

206 m
144 m / 230 m

B **BALISAGE**
jaune

À DÉCOUVRIR...

> **En chemin :**
• Bodéro : menhir et calvaire • fontaine Notre-Dame-des-Forces

> **Dans la région :**
• Langonnet : abbaye Notre-Dame • Le Faouët : musée (exposition de peintures locales), cité des Fourmis et de l'Abeille vivante, halles • Gourin : vue sur les Montagnes Noires, château de Tronjoly

LES CHAPELLES SAINT-FIACRE ET SAINTE-BARBE

La chapelle Saint-Fiacre, de style gothique flamboyant, a été construite entre 1450 et 1480, grâce au mécénat des ducs de Bretagne. Son intérêt réside dans sa richesse architecturale, son mobilier des XVe et XVIe siècles, ses vitraux et son jubé en bois polychrome de 1480 restauré en 2002, l'un des plus anciens conservé en Bretagne. Un pardon s'y déroule le troisième dimanche

du mois d'août. La chapelle Sainte-Barbe a été construite de 1489 à 1512 sur un site naturel dominant la vallée de l'Ellé. En 1700, des escaliers monumentaux sont aménagés pour permettre aux pélerins de rejoindre le parvis de Sainte-Barbe et d'accéder à la chapelle Saint-Michel et à l'ossuaire, sans doute édifiés à la même époque. Un pardon a lieu le dernier dimanche du mois de juin.

ANGELOT DU JUBÉ, EN LA CHAPELLE SAINT-FIACRE / PHOTO Y. B.

Les **chapelles** du **Faouët**

Autant de chapelles, autant de traces laissées par la noblesse morbihannaise durant les siècles passés. A partir du XIXe siècle, voyageurs et peintres se fixent au Faouët pour y fonder une communauté artistique.

1 Quitter la salle polyvalente (derrière la mairie) et rejoindre les halles vers le nord, emprunter la rue des Halles et continuer tout droit par le chemin qui descend à Ster-Groëz. Passer sous la D 769, gravir les marches en face et monter par le chemin dallé de pierres jusqu'au plateau. Descendre à la chapelle Sainte-Barbe puis, par le chemin dallé qui passe derrière, rejoindre, 600 m plus loin, la fontaine.

2 Revenir sur 50 m et descendre par le chemin à gauche. Traverser la D 132 vers la droite et, après l'habitation, entrer dans le parc à gauche. Longer la rivière, puis continuer par la petite route.

> Variante *(balisage jaune)* **: traverser la D 769, continuer en face sur une petite route, prendre un chemin à gauche. Poursuivre sur 600 m. Emprunter la D 782 sur 50 m, tourner à droite et poursuivre par un chemin sur 250 m. Continuer par le chemin à gauche. Il passe à la fontaine à bassins et atteint un croisement en T.**

3 Laisser à gauche la route de Stéroulin. A partir du moulin Berzen, longer à nouveau la rivière de l'Ellé jusqu'au camping. Le contourner par la droite. Passer sous la D 769 puis croiser la D 782. Prendre la route de Coat-Loret. Emprunter le chemin à droite sur 250 m, puis continuer par le chemin à gauche. Il passe à la fontaine à bassins et atteint un croisement en T.

4 Tourner à gauche vers Saint-Fiacre. Prendre la route à gauche, puis partir à droite et gagner la chapelle.

5 Virer à droite, couper la route et rejoindre le croisement de l'aller.

4 Poursuivre en face. Traverser la route à gauche et continuer tout droit jusqu'à la D 790. La longer à droite sur 100 m, puis s'engager sur le chemin à gauche.

6 À l'intersection, tourner à droite pour se rendre à Kerly. Descendre, longer la D 782 sur 100 m, puis emprunter le chemin à gauche. Monter au stade par la rue de Kerosa, puis suivre la rue de Quimper afin de regagner la place des Halles et la salle polyvalente.

ÉCAILLE CHINÉE / DESSIN P. R.

PR® 3

MOYEN

3H • 11KM

S SITUATION
Le Faouët, à 35 km au Nord de Lorient par la D 769

P PARKING
salle polyvalente (près des Halles)

/ DÉNIVELÉE
altitude mini et maxi, dénivelée cumulée à la montée

180 m

59 m / 210 m

B BALISAGE
jaune

À DÉCOUVRIR...

> **En chemin :**
• fontaine et chapelle Sainte-Barbe • Saint-Fiacre : chapelle XVe et fontaine
• Le Faouët : halles XVe, musée de peinture

> **Dans la région :**
• Priziac : chapelle et jubé Saint-Nicolas
• Lanvénégen : chapelle Saint-Urlo, manoir de Saint-Quijeau • Berné : site de Pontcallec

TRADITION

LE GRAND PRIX CYCLISTE DE PLOUAY

En 1931, le docteur Berty, médecin du Tour de France, devient président du Comité des fêtes de Plouay et transforme la traditionnelle course cycliste du pardon de Saint-Ouen en Circuit cycliste international. Les champions seront alors sur chaque ligne de départ. L'épreuve, qui devient le Grand Prix Cycliste de Plouay, a lieu le trente-cinquième mardi de l'année, fin août ou début septembre. Le Morbihan voit naître des champions comme Job Morvan, Fernand Picot, Jean Gainche originaire de Guémené-sur-Scorff, ou le fameux Jean-Marie Goasmat, surnommé le Farfadet de Pluvigner. Plouay s'affirme comme capitale bretonne du vélo. En 2000, c'est la consécration : les bénévoles se voient confier l'organisation des championnats du monde sur route.

PLOUAY, RENDEZ-VOUS DES PLUS GRANDES ÉQUIPES PROFESSIONNELLES / PHOTO B.C.

Circuit du Coronc

PR® 4

MOYEN

3H30 • 14KM

Dans la vallée du Scorff, près d'une dorsale allant des sources à l'océan, le long des chemins de Pont-Callec (*Pontkalleg* en breton), on découvre des richesses patrimoniales, naturelles et historiques.

GRIVE MAUVIS /
DESSIN P. R.

1 Quitter la maison forestière par la route en direction de Berné, s'engager sur le chemin d'exploitation forestière qui monte et, 200 m plus loin, le quitter par la gauche.

Poursuivre dans la forêt de Pont-Callec. A l'intersection, prendre à droite puis à gauche entre les parcelles 43-44. Bifurquer à gauche, encore à gauche et enfin à droite. Continuer sur 30 m, le chemin aboutit à un autre chemin forestier. Remonter à droite puis traverser la route de Berné. S'engager en face *(parking du hameau médiéval)*.

2 Prendre à gauche l'allée forestière longeant de la parcelle 32. Poursuivre jusqu'à la lisière de la forêt. Tourner à gauche. On retrouve la route de Berné.

3 L'emprunter à droite et poursuivre jusqu'à Kerihuel.

4 Quitter le hameau par la gauche. Contourner Namouhic par la droite et poursuivre par le chemin qui conduit à Kerlosquet.

5 Prendre la route à droite à jusqu'à Kermarec puis le chemin à gauche. Passer à Ty Len, descendre jusqu'au ruisseau et, avant Mané Bihan, prendre un chemin creux sur la gauche qui monte vers le Coronc. Descendre vers le ruisseau du Coronc, le franchir puis remonter à Kerhoat.

6 S'engager à gauche sur D 204 pendant 2,6 km, puis arriver au Scorff. Emprunter la D 769 *(prudence !)* pour franchir le Scorff. Tourner à droite.

7 Sur le délaissé de route, on trouve le GR®34E. L'emprunter à gauche en passant sous la départementale, tourner à droite immédiatement après. Après 1,7 km, prendre un sentier qui descend sur la gauche et, par un chemin en sous-bois, gagner la maison forestière qui surplombe le Scorff.

S SITUATION
forêt de Pont-Callec, à 25 km au nord de Lorient par les D 769, D 2 et D 110 (à Plouay)

P PARKING
maison forestière, près du pont Neuf, à 6 km au nord de Plouay

7 DÉNIVELÉE
altitude mini et maxi, dénivelée cumulée à la montée

151 m
45 m   210 m

B BALISAGE
jaune

! DIFFICULTÉS !
traversée de la D 769 avant **7**

À DÉCOUVRIR...

> En chemin :
• forêt domaniale de Pont-Callec
• hameau médiéval de Ponkalleg

> Dans la région :
• Kernascléden : église (fresques murales XVe), maison de la Chauve Souris
• Plouay : château de Ménéhouarn XVIIIe (véloparc)
• Lanvaudan : village classé

Les **sources** de l'Aër

La trève de Locuon, dépendante de Ploërdut, est devenue paroisse en 1853. Jusqu'au début du XXᵉ siècle, l'on y exploitait des carrières. Le village trône sur des buttes de granite et granulite.

1 Quitter la place de l'Eglise vers le Sud et revenir au carrefour routier. Prendre la route à gauche sur 1,2 km. Au croisement de routes, s'engager sur le chemin à droite et atteindre une bifurcation.

> Variante en période de chasse *(circuit de 7,5 km)* **: aller à droite, gagner Mané-Roc'h, prendre la route à droite, passer le château de Launay et, après le virage, tourner à gauche ; atteindre une bifurcation en lisière du bois du Launay, où arrive le circuit principal.**

2 Se diriger à gauche et arriver à Botcuon. Prendre la route à gauche sur 250 m, puis bifurquer à gauche vers Kerguéladen. Poursuivre par le chemin qui descend vers le ruisseau du Gohello. Le franchir, puis tourner à gauche et remonter à Kerbailler. Descendre à Roscato.

3 Dans le hameau, prendre le chemin à gauche. Emprunter la route à gauche, franchir le pont et suivre la route à droite. Elle traverse Guéronnez. S'engager sur le chemin à gauche et arriver à Branduec.

4 Dans le hameau, dévaler le sentier à gauche et déboucher sur la D 1. La longer à droite sur 600 m *(prudence)*, puis emprunter la route à droite.

5 S'engager à gauche sur le chemin qui mène à Parcoty et poursuivre jusqu'au carrefour en T. Prendre le chemin à droite, laisser un chemin à droite, puis tourner à gauche et atteindre un embranchement.

6 Emprunter le chemin en lisière du bois de Launay à gauche. Couper la route, continuer en face, passer Lan-Izel et poursuivre sur 700 m.

7 Au croisement, suivre à droite l'ancienne voie romaine Carhaix - Vannes et continuer par la route. Avant Locuon, s'engager à gauche sur le chemin empierré qui descend près d'un élevage, puis utiliser à droite le passage qui monte puis redescend à la chapelle Notre-Dame-de-la-Fosse, avant de regagner l'église.

S SITUATION
Locuon (commune de Ploërdut), à 30 km à l'Ouest de Pontivy par les D 782, D 1 et D 128E

P PARKING
place de l'Eglise

/ DÉNIVELÉE
altitude mini et maxi, dénivelée cumulée à la montée

280 m

178 m — 250 m

B BALISAGE
jaune

! DIFFICULTÉS !
• passage sur la D 1 entre **4** et **5** • zone de chasse entre **4** et **6** (se renseigner en mairie).

À DÉCOUVRIR...

> En chemin :
• Locuon : église • bois du Launay • chapelle Notre-Dame-de-la-Fosse

> Dans la région :
• Guéméné-sur-Scorff : place Bisson
• Langoëlan : chapelle de Saint-Houarno
• Le Croisty : bois de Lochrist, panorama
• Lignol : manoir de Kerduel

ANDOUILLES AU FUMAGE / PHOTO F.L.D

GASTRONOMIE
SAVOUREUSE ANDOUILLE DE GUÉMENÉ

Il y a en Bretagne deux sortes d'andouilles. La plus courante est celle de Lesneven, similaire à celle de Vire. Les boyaux sont lavés, coupés puis mélangés à de la viande de porc, avec des condiments et du sel, avant d'être fourrés dans une baudruche et fumés. Celle de Guémené-sur-Scorff est obtenue en enfilant les uns sur les autres des boyaux, préalablement frottés avec du poivre, des plus petits jusqu'aux plus grands, après avoir pris soin de coudre les extrémités avec un fil pour accrocher la pièce dans la cheminée. Cinq kilos de boyaux sont nécessaires pour produire un kilo d'andouille. Traditionnellement, les pièces étaient entourées de foin pour qu'elles n'éclatent pas durant les trois heures de cuisson. Puis, elles étaient mises à sécher dans la cheminée, de trois à six mois, entre deux abattages de cochon. Les andouilles, noircies par le feu, devaient être dessalées durant plusieurs heures. En 1931, le charcutier Jean Le Coustumer mit au point une technique de fabrication industrielle.

TRADITION
A CHAQUE CANTON SA COIFFE

La coiffe est l'une des pièces fondamentales du costume breton. Souvent en tulle et dentelle, elle s'accroche au bonnet. Le Morbihan en compte plusieurs familles, chaque canton possédant ses propres styles de motifs et broderies. Dans le pays de Baud, on porte la modeste, la raie dont le bavolet retombe telle la queue d'un poisson, ou la kornek dont les deux pans s'épanouissent sur le côté. La grande coiffe à ailes brodées sur tulle est parfois remplacée par des filets que la femme pose à même sa chevelure. La coiffe du pays de Vannes et d'Auray est portée dans une cinquantaine de communes. Repliée au-dessus du front, elle forme au sommet, un angle obtus. Une large bande de tulle uni laisse apparaître un bonnet brodé dont les motifs s'harmonisent avec le châle et le tablier. La visière de la petite coiffe de Groix, Lorient et Ploemeur se lève au-dessus de la tête ; on l'a surnommée l'aéroplane. Dans le pays pourlet (Guémené-sur-Scorff), les femmes portent le capot-ribot, la brouette ou la karikel.

COIFFES / PHOTO Y.B. ; COSTUME DE FILLETTE DU PAYS DE VANNES / © COLL. J.C.

84 MORBIHAN — Costume et Coiffe de Paysanne de BAUD

Coiffe et costume de Baud / © coll. J.C.

FAUNE ET FLORE

L'ÉGLISE ABRITE DES CHAUVES-SOURIS

L'église de Kernascléden accueille dans ses combles, la plus grande colonie de grands rhinolophes de Bretagne, espèce de chauves-souris protégée par arrêté préfectoral, dont les spécialistes de la commune ont compté jusqu'à cinq cents adultes. Au mois de mai, les femelles reviennent dans les combles pour mettre bas début juillet. Très vite, le petit part en chasse collé au ventre de sa mère. La colonie quitte les lieux durant l'hiver pour une destination lointaine suivant le même itinéraire rituel. Chaque année, fin août, l'association locale organise la nuit de la chauve-souris, comme dans une trentaine de pays d'Europe. Depuis la place, on voit alors les animaux, d'une envergure de 30 à 40 cm, quitter le clocher pour leur chasse nocturne.

GRAND RHINOLOPHE / DESSIN P.R.

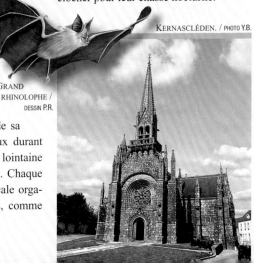

KERNASCLÉDEN. / PHOTO Y.B.

Circuit du Scorff

Marche bucolique le long d'une rivière remarquable qui a toujours été nourricière comme en témoignent les traces de ses pêcheries et de ses moulins.

1 Quitter la place des Tilleuls par l'impasse du Payot. Contourner le stade par la gauche et descendre en face (petit plan d'eau à gauche). Longer à droite la route de Kernascléden jusqu'à Kergall.

2 Emprunter le chemin d'exploitation à droite, puis longer des talus. Prendre à gauche la route en direction de Kermignan sur 500 m, puis partir à droite à travers les landes en limite de parcelle et de bois. Continuer par le chemin qui monte. Au croisement, poursuivre en face, puis utiliser le sentier à gauche pour contourner Penhoët-Saint-Lalu. Descendre par le chemin à droite vers le moulin Neuf *(vue sur la vallée du Scorff)*.

3 En bas, entrer à droite dans le bois et grimper. Descendre par le chemin d'exploitation à gauche pour atteindre la vallée et longer à droite les berges du Scorff jusqu'à la hauteur de la passerelle.

> Délaisser la rive pour gagner l'ancien moulin du Hervéno *(imposante roue indépendante)*.

4 Suivre les berges du Scorff jusqu'au pont Borion *(appelé pont des Pauvres, car il fut construit par les sans-emploi au XIXe siècle)*.

5 Monter par la route à droite sur 350 m. Pénétrer dans le bois à droite. Le chemin surplombe le Scorff. Franchir un ruisseau, puis emprunter le large chemin à gauche. Il mène au Hervéno.

6 A la sortie du hameau, suivre le chemin à droite sur 30 m, puis le chemin à gauche. Il monte et serpente dans le « landier ». Continuer par un large chemin entre des parcelles. Emprunter la route à gauche sur 250 m.

7 Partir à droite. Passer entre des parcelles puis un bois pour gagner la cité des Ajoncs, la salle des sports, et retrouver la place.

S **SITUATION**
Inguiniel, à 30 km au Nord de Lorient par les D 769 et D 18

P **PARKING**
place des Tilleuls

/ **DÉNIVELÉE**
altitude mini et maxi, dénivelée cumulée à la montée

162 m

99 m / 210 m

B **BALISAGE**
jaune

! **DIFFICULTÉS !**
passage humide entre **3** et **4** en hiver

À DÉCOUVRIR...

> **En chemin :**
• stèle funéraire de l'âge de fer • vue sur la vallée du Scorff • ancien moulin du Hervéno

> **Dans la région :**
• Inguiniel : site archéologique de Kerven Teignouse • Plouay : château de Ménéhouarn XVIIIe (véloparc)
• Kernascléden : église (fresques murales XVe), maison de la Chauve Souris
• Calan : église romane de la Sainte-Trinité XIe

Le **grand circuit** de **Bubry**

Vous traverserez bois et bocages, aux taillis aujourd'hui clair-semés. Les Chouans durant la période révolutionnaire, puis, en 1944, les Maquisards, ont trouvé à se cacher dans cette végétation luxuriante.

1 Prendre le chemin à l'angle du cimetière, couper la route, poursuivre en face et bifurquer à droite. Descendre par la route à gauche, puis partir à gauche vers le moulin de Brétinio et longer le ruisseau. Emprunter la route à gauche, le chemin à droite et gagner Lanquenec. Dans le hameau, tourner à droite, passer en bordure d'un élevage, puis continuer par le chemin creux en face. Il monte sur 400 m.

2 Tourner à droite et traverser Guerjean. Couper la D 3, descendre, enjamber le ruisseau et poursuivre en face jusqu'à Trévengard.

3 Prendre à droite, dépasser les habitations et poursuivre à droite jusqu'à Poulfétan. Suivre la rue à gauche, bifurquer à gauche, puis partir à droite et couper la D 2. Continuer en face et gagner la chapelle Saint-Trémeur.

4 Tourner à droite et traverser le bois pour gagner la fontaine Saint-Trémeur. Continuer à gauche, passer Brulé, puis emprunter la route à droite. S'engager sur le chemin à gauche. Longer terrains de sports et camping, franchir la passerelle de Pont-Davy et monter à Botfau. Poursuivre jusqu'à Locqueltas et arriver près de la chapelle Notre-Dame-de-la-Salette *(la fontaine Saint-Gildas se trouve en contrebas)*. Se diriger au Sud-Est, aller à droite et atteindre Goh-Canquis.

5 Poursuivre vers l'Ouest, couper la D 3, descendre puis remonter à Guerizec-Coëtano. Dans le hameau, bifurquer à gauche, prendre la route à gauche sur quelques mètres, puis le chemin à droite. Continuer tout droit jusqu'à Saint-Hervé-Guyonvarc'h. Emprunter la route à gauche, puis partir à droite.

6 Au deuxième croisement, virer à droite, traverser Le Nilhio et poursuivre. Prendre la route à droite, puis s'engager sur le troisième chemin à gauche. A l'intersection, se diriger à droite sur 600 m.

7 Tourner à gauche et gagner Kermoran. Longer la D 3 à gauche, puis s'engager à droite dans le chemin creux. Monter par le chemin à droite, prendre la route à droite et rejoindre le point de départ.

S **SITUATION**
Bubry, à 24 km au Sud-Ouest de Pontivy par la D 2

P **PARKING**
salle polyvalente

/ **DÉNIVELÉE**
altitude mini et maxi, dénivelée cumulée à la montée

151 m
100 m — 210 m

B **BALISAGE**
jaune

! **DIFFICULTÉS !**
• passage humide en saison pluvieuse à Nilhio entre **6** et **7** • parcours sur la D 2 entre **7** et **1**

À DÉCOUVRIR...

> **En chemin :**
• Saint-Trémeur : chapelle et fontaine
• Locqueltas : chapelle Notre-Dame-de-la-Salette XVIIe, fontaine Saint-Gildas

> **Dans la région :**
• Melrand : château de la Villeneuve-Jacquelot XVIIe
• Plouay : château de Ménéhouarn XVIIIe (véloparc)
• Quistinic : village ancien de Poul-Fetan
• Bieuzy-les-Eaux : site de Castennec

AU VILLAGE DE L'AN MIL À MELRAND

La parcelle, nommée Lann Goulh Melrand (la lande du vieux Melrand), au Sud-Ouest du bourg, suscitait bien des interrogations. Les premières études menées dès 1902 et les fouilles archéologiques des années 80 révèlent les traces de dix-sept bâtiments du Moyen Age répartis autour d'une place et la présence de deux voies de circulation. A partir de 1986, le site est mis en valeur et devient le village de l'An Mil. Depuis le magnifique plateau de la vallée du Blavet, à 119 m d'altitude, on découvre aujourd'hui, sur une superficie d'un hectare et demi, les bâtiments d'il y a mille ans reconstitués et les modes de vie de cette époque révolue. Tous les sens sont en éveil : dans le jardin, aux senteurs ancestrales, la bourdaine, la carotte, le poireau et autres plantes attestées prolifèrent tandis que, dans la cour, se côtoient quelques races rustiques d'animaux d'élevage comme la petite vache pie noire, la chèvre des fossés au poil long, la poule gauloise ou le mouton d'Ouessant à laine noire.

VILLAGE DE L'AN MIL / PHOTO F. L.D.

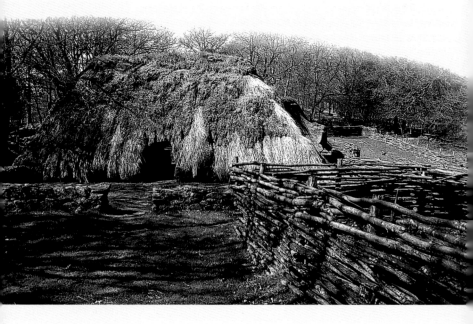

TRADITION
BINIOU, BOMBARDE ET BAGADOU

BOMBARDE ET BINIOU / PHOTO Y.B.

Le biniou et la bombarde, qui forment un couple quasi indissociable, sont les instruments par excellence du sud de la Bretagne. Chaque fête ou mariage est une occasion offerte au « talabarder » et « biniawer » de s'époumoner à cœur joie. Le « biniou-kozh » ou « biniou bihan », petite cornemuse, est formé d'une poche en peau et de trois tuyaux : le porte-vent, le chalumeau à anche double et le bourdon, à anche battante qui sonne deux octaves au-dessous du chalumeau. L'instrument se trouve concurrencé à partir de 1930 par le bagpipe écossais qui donne naissance au biniou bras, comportant trois bourdons. La bombarde est un court hautbois fait d'ébène, de buis ou de bois fruitier et d'une anche double, constituée de deux lamelles. Le bagad ou kevrenn a été créé en 1943 par Hervé Le Menn, Dorig Le Voyer et Polig Monjarret, soucieux de sauver la musique bretonne. La formation rassemble sonneurs de biniou bras, bombardes autour d'un pupitre de batterie. Chaque année, les bagadous disputent un championnat national.

Les **landes** du **Crano**

Marchez sur les pas de Gildas et de son compagnon Bieuzy. Vous êtes ici en terre sainte. On dit que l'eau contenue dans les trois auges de la fontaine guérit de la rage ceux qui viennent d'être mordus.

1 Emprunter la D 156, passer la fontaine Saint-Bieuzy et poursuivre sur 450 m. S'engager à droite sur le chemin à travers bois et gagner La Motte. Continuer à gauche, franchir un talweg, puis prendre la route à gauche. Longer la D 1 à droite *(prudence)*.

2 Prendre à gauche la route de Kermabon, tourner à droite, couper la D 156 et continuer en face à travers la lande du Crano. Descendre à Kerlast et virer à gauche. À la chapelle de la Vraie-Croix, descendre par la route à droite jusqu'à Kerdrolan.

3 Suivre la route à gauche. Avant Lézerhy, s'engager sur le chemin à gauche en direction de Kérautum.

4 Bifurquer sur le chemin à droite, passer sous la voie de chemin de fer et continuer jusqu'à Rimaison *(ancien moulin)*. Prendre la D 188 à droite pour franchir le Blavet.

5 Dans la montée, s'engager à droite sur le chemin en direction de Kerdéhouarn. Tourner à droite puis à gauche, couper la route de Kerbesquer, franchir le vallon, puis descendre à droite et longer le Blavet à gauche.

6 Monter à la chapelle Saint-Nicodème à gauche *(chapelle entourée de fontaines et de la cure)*. Prendre la route à droite, longer la D 1, continuer par la route en face, puis partir à droite. Avant Guern, virer à gauche et traverser Saint-Nicolas *(fontaine, chaumières)*. Emprunter la D 1 à droite et, après le pont qui enjambe le Blavet, la route à droite. Gravir le sentier escarpé à gauche, puis suivre la route à droite *(vue sur le Blavet et Saint-Nicolas-des-Eaux)*. Elle dessert la chapelle et conduit dans Castennec.

7 Tourner à gauche et descendre à travers bois à la chapelle Saint-Gildas puis à Prioldy. Virer à gauche, emprunter la petite route à gauche, puis s'engager à gauche sur le chemin qui longe un ruisseau. En bas, virer à droite pour remonter au point de départ.

S SITUATION
Bieuzy-les-Eaux, à 19 km au Sud-Ouest de Pontivy par les D 168 et D 1

P PARKING
église

/ DÉNIVELÉE
altitude mini et maxi, dénivelée cumulée à la montée
155 m
39 m — 390 m

B BALISAGE
jaune

! DIFFICULTÉS !
• passages difficiles entre **6** et **7**
• parcours et traversée de la D 1 entre **1** et **2** puis **6** et **7**
• zone de chasse entre **2** et **5** (se renseigner en mairie)

À DÉCOUVRIR...

> En chemin :
• fontaine Saint-Bieuzy
• lande du Crano
• chapelle de la Vraie-Croix • vallée du Blavet • chapelle de Saint-Nicodème XVIᵉ
• belvédère et site de Castennec • chapelle de Saint-Gildas

> Dans la région :
• Saint-Nicolas-des-Eaux : musée de la Batellerie
• Guénin : chapelle Saint-Michel XIXᵉ • Guern : if et chapelle

UN PEU D'HISTOIRE
SAINT ERMITAGE DE GILDAS ET BIEUZY

En 530, le moine irlandais Gildas s'installe à l'île d'Houat. Six ans plus tard, à Rhuys, il fonde un monastère et une école que fréquenteront surtout les jeunes nobles de la région vannetaise. Puis, en compagnie de l'un des moines, Bieuzy, il choisit de vivre en ermite dans une grotte sur les bords du Blavet afin d'évangéliser les populations. Le moine prêche du haut du rocher et attire les foules ; un grand nombre de Bretons sont conquis et demandent le baptême. D'autres moines de Rhuys viennent bientôt les rejoindre.

Ils construisent un monastère, aujourd'hui disparu, sur la butte de Castennec. En 548, Gildas repart à Rhuys. Bieuzy, resté sur place, fait construire, à deux kilomètres de la grotte, une chapelle qui deviendra l'église actuelle. Gildas meurt en 570. Une chapelle sera édifiée par la suite sous le rocher du bord du Blavet. On dit que l'eau qui coule de la source, au chevet de l'oratoire, est miraculeuse. Depuis, chaque lundi de Pentecôte, un pardon célèbre Saint-Gildas.

L'ERMITAGE SAINT-GILDAS, AU BORD DU BLAVET / PHOTO Y.B.

ÉCONOMIE
MODÈLE AGROALIMENTAIRE EN ÉVOLUTION

Après la seconde guerre mondiale, la Bretagne devient un pôle agroalimentaire majeur en Europe et la première région agricole en France avec plus de 20 % de la production laitière, 56 % du cheptel et 20 % des surfaces en légumes. En 1950, le modèle devient le symbole de l'agriculture productiviste spécialisée dans les filières agroalimentaires. De 1958 à 1968, la collecte industrielle du lait passe de moins de 25 % de la production à 76 %. L'aviculture s'industrialise sous l'impulsion de minotiers, de négociants en volaille ou de coopératives comme la Rurale morbihannaise. La technique de l'élevage hors-sol gagne rapidement le porc et le veau de boucherie, générant un puissant complexe agroalimentaire qui anime nombre de centres ruraux et de villes moyennes : usines d'aliments, centrales laitières, abattoirs, unités de congélation

CONSERVES DE POISSONS / PHOTO C. L.Q.

et de transformation... Pour perdurer, le modèle doit aujourd'hui se remettre en cause et intégrer de nouvelles donnes : qualité, protection de l'environnement, production biologique et à label.

MISE EN BOÎTES DES SARDINES À « LA QUIBERONNAISE » / PHOTO C. L.Q.

LA LOUTRE, REINE DE L'ONDE

Après avoir été traquée pendant des siècles pour sa fourrure, la loutre a élu domicile dans la vallée de la Sarre. Le silence est de rigueur si l'on veut observer cette reine incontestée de l'onde, car elle a la ruse du renard et la rapidité du squale. Elle est solitaire et volontiers nocturne. Vous verrez davantage les traces de ses pattes, les fientes, les restes de ses repas ou les coulées qu'elle laisse dans la végétation le long des berges. C'est le plus gros mammifère d'eau douce de nos régions, de la famille des mustélidés, le seul à posséder des palmures aux quatre pattes. Les mâles, dont la longueur peut varier de 0,90 m à 1,20 m, pèsent en moyenne de 6 à 12 kg contre 4 à 8 kg pour les femel-les. Le quart de l'effectif national vit en Bretagne. Sa survie dépend fortement de la qualité de l'eau.

LOUTRE .
PHOTO P.C.-BRETAGNE VIVANTE-SEPNE

Circuit du Patrimoine

PR® 9

MOYEN

4H • 15,5KM

L'histoire de Lanvaudan débute au XIIᵉ siècle, lorsque des moines viennent s'établir au lieu-dit Kermorc'h, village composé d'un ensemble de chaumières aux belles façades ornées de linteaux.

❶ Du parking, prendre à droite puis à gauche la D 145, direction Inzinzac-Lochrist. Monter sur 300 m, tourner à gauche vers le Gastonnet. 250 m après, descendre par le chemin creux à gauche, puis continuer par la D 145 à droite.

❷ À l'ancienne gare de Lanvaudan, s'engager à droite sur l'emprise de l'ancienne voie ferrée Plouay-Baud (GR® 38). Elle longe le ruisseau du Moulin de l'Angle.

❸ Poursuivre sur l'emprise de l'ancienne voie ferrée, le long du ruisseau et arriver à une bifurcation.

❹ Gravir le chemin creux (GR®341) et, peu avant Kerantourner, prendre à droite le chemin bordé de vieux chênes. Il mène à Lomelec *(chapelle)*. Traverser la cour d'une ancienne ferme *(puits)* et poursuivre par le chemin menant à Talhouët. Monter le sentier à gauche puis traverser les landes de Coët Roc'h. Le circuit s'élève parmi ces landes sur plus d'1 km *(point de vue sur le vallon)*. Dévaler la pente boisée à droite.

❺ Avant la D 23, monter par le large chemin à gauche. Rejoindre Kerdec que l'on contourne (GR®341), passer le bois, poursuivre par la petite route et aboutir à Lann Kerantouner.

❻ S'engager en face sur le sentier qui part à droite, en sous-bois. Suivre la route à droite. À la sortie du hameau de Rosmenic Braz, prendre le chemin à gauche, puis descendre à gauche et retrouver l'ancienne voie ferrée.

❸ Par l'ancienne voie ferrée à droite, regagner l'ancienne gare.

❷ Par l'itinéraire utilisé à l'aller, rejoindre le point de départ.

OSMONDE ROYALE / DESSIN N.L.

S SITUATION
Lanvaudan, à 30 km au nord de Lorient par les D 769, D 2 et D 102 (à Plouay)

P PARKING
ancien presbytère

↗ DÉNIVELÉE
altitude mini et maxi, dénivelée cumulée à la montée

143 m

33 m   325 m

B BALISAGE
jaune

À DÉCOUVRIR...

> En chemin :
• fontaine de Rosmenic Vras
• calvaires de Rosmenic et de Talhouët
• chapelle de Lomelec
• Lanvaudan : village classé

> Dans la région :
• Plouay : château de Manehouarn XVIIᵉ (véloparc)
• Pont-Scorff : zoo, « Odyssaum », cour des Métiers d'Art

ÉCONOMIE

BARRAGE HYDROÉLECTRIQUE DE GUERLÉDAN

Pour répondre aux besoins de l'électrification naissante, M. Rattier, sous-préfet de Pontivy, imagine un barrage hydroélectrique. La vallée presque fermée par les deux collines de Castel-Finans et de Trévéjean est choisie. La construction aura lieu de 1923 à 1930, permettant de créer une vaste étendue de quatre cents hectares qui s'étire sur douze km pour former aujourd'hui le lac de Guerlédan, la plus importante retenue d'eau potable de Bre-

tagne avec cinquante et un millions de m³. On y pratique la voile, le ski nautique, la baignade, la pêche, les promenades en bateau... Sur la rive sud du lac, 285 ha de forêt acquis et réhabilités par le département proposent un réseau de promenades. La visite du musée de l'électricité à Saint-Aignan s'impose.

LAC DE GUERLÉDAN /
PHOTO Y.B.

Le **barrage** de **Guerlédan**

En 1929, le barrage hydroélectrique a interrompu le Blavet pour former une vaste étendue d'eau. Marquant la limite entre les Côtes-d'Armor et le Morbihan, c'est l'un des sites touristiques majeurs de la Bretagne centrale.

1 Du parking, emprunter la D 31 (nord), la route dans le prolongement, puis la route à droite. Elle longe le bassin de délestage du lac. Laisser un barrage à droite et poursuivre en bordure du lac sur 500 m.

2 Gravir le chemin à gauche, puis emprunter la D 31 à droite et arriver à son extrémité.

> Variante sportive : descendre vers le lac et longer la rive sud à gauche.

3 Du parking supérieur, s'engager sur le chemin forestier qui mène à la chapelle Sainte-Tréphine *(construite en 1897 sur les crêtes du site de Caltel-Finans)*. Poursuivre sur 800 m, laisser la voie à gauche et continuer à droite sur quelques mètres.

4 Dévaler le sentier à droite jusqu'aux berges du lac.

5 Poursuivre à gauche. Le sentier remonte. Reprendre à droite le chemin forestier sur 400 m. Laisser à droite le chemin qui descend, gravir le chemin de droite, puis monter par le chemin à droite vers le château d'eau et déboucher sur une route.

> À gauche, à Botponal, maison de la Nature.

6 En face, emprunter le chemin qui part vers la droite, derrière une maison, puis traverser une deuxième route et continuer par le chemin. Il vire à gauche (est) et conduit à Porh-Robert. Prendre la route à droite sur 300 m.

7 S'engager sur le chemin à droite. Laisser deux chemins à droite puis, à la croisée, continuer par le chemin à droite sur 150 m.

8 Partir à droite dans le bois de Toul er Roch. Le sentier contourne le sommet par la droite et débouche en lisière. Prendre la route à droite. Au carrefour, s'engager sur le chemin à droite. Il devient une route. Emprunter la route à gauche, continuer par la D 31 sur 100 m, puis bifurquer sur la route à droite.

9 Au deuxième croisement, s'engager sur le chemin à gauche. Continuer par la route à gauche sur 130 m, partir à gauche, puis dévaler le chemin à droite. Traverser la route, contourner le tennis, puis emprunter la D 31 à droite pour rejoindre le parking.

PR® 10

MOYEN

3H30 • 12,5KM

S SITUATION
Saint-Aignan, à 20 km au nord de Pontivy par les D 767, D 125 (à Neuliac), D 156, D 18 et D 31

P PARKING
église

↗ DÉNIVELÉE
altitude mini et maxi, dénivelée cumulée à la montée

230 m

84 m — 350 m

B BALISAGE
jaune

! DIFFICULTÉS !
• parcours sur la D 31

À DÉCOUVRIR...

> En chemin :
• barrage de Guerlédan (musée de l'Électricité)
• chapelle Sainte-Tréphine • vue sur le lac de Guerlédan • Botponal : maison de la Nature
• Saint-Aignan : église (retable XVIe)

> Dans la région :
• Sainte-Brigitte : ancienne sidérurgie des Forges des Salles, forêt de Quénécan • Silfiac : point culminant du département (270 m)
• Saint-Gelven (Côtes-d'Armor) : abbaye du Bon-Repos XIIIe-XVIIIe, gorges de Daoulas

PATRIMOINE

LES RICHESSES DU SCORFF

Tout en cheminant dans la campagne à proximité du Scorff, à travers champs et bois, le circuit traverse les villages typiques du Pays Pourleth aux maisons rurales cernées de murets. Vous pouvez faire une halte à la chapelle de Notre-Dame-de-Krenenan (XVe - XVIIe siècle) dont le clocher (XIXe siècle) surplombe les environs…

Guémené-sur-Scorff est la cité des Princes de Rohan-Guémené : on peut découvrir ses remparts, ses tours et les Bains de la Reine, l'hôtel de ville, le quartier de l'église, la grande rue aux demeures urbaines, son patrimoine lié à l'eau… Il ne faut pas manquer également de déguster sa fameuse andouille…

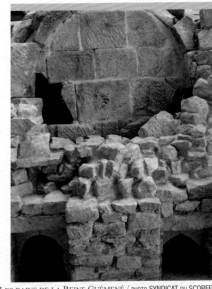

LES BAINS DE LA REINE GUÉMENÉ / PHOTO SYNDICAT DU SCORFF

Circuit de Crénénan

LÉROT / DESSIN P.R.

Joseph Loth (1803-1885), né à Guéméné-sur-Scorff, doyen de la faculté des lettres à l'université de Rennes, puis professeur au Collège de France, a été pendant longtemps le maître de la philosophie celtique.

S SITUATION
Crénénan (commune de Ploërdut), à 27 km à l'ouest de Pontivy par les D 782 et D 1 (à Guéméné)

P PARKING
dans le hameau

/ DÉNIVELÉE
altitude mini et maxi, dénivelée cumulée à la montée

230 m

129 m / 230 m

B BALISAGE
jaune

! DIFFICULTÉS !
• variante interdite en période de chasse

---

① Dans le hameau, revenir par la route d'accès sur quelques mètres et prendre le chemin à gauche (ouest).

② Prendre le chemin à gauche et continuer tout droit par la route pour gagner Botcoët.

③ Dans le hameau, prendre à gauche, à droite sur quelques mètres et de nouveau à gauche pour sortir du hameau. Suivre à droite un chemin, puis à gauche à la hauteur de bâtiments agricoles. À la croisée, couper un chemin, puis laisser Kerlouis à gauche.

④ Bifurquer à droite et rejoindre Goëzerouz. Tourner à droite, puis dévaler le chemin à gauche et atteindre Kervair. Prendre la route à gauche puis à droite pour franchir le Scorff. Emprunter à gauche la D 3, franchir à nouveau le Scorff et poursuivre par la D 1 sur quelques mètres.

⑤ Emprunter le chemin à droite sur 300 m et, après un lacet, arriver à un embranchement.

> Variante hors période de chasse *(9,5 km ; 3 h)* **: voir tracé en tirets sur la carte.**

⑥ Poursuivre tout droit. Le chemin s'élève et gagne Kerimen. Traverser le hameau, continuer par la route. Dans la descente, prendre à droite un chemin montant. Suivre le chemin à gauche puis la route de desserte jusqu'au lieu-dit Kerdoric.

⑦ Tourner à gauche, traverser la D 1 *(prudence !)* et rejoindre le parking.

À DÉCOUVRIR...

> En chemin :
• Crénénan : chapelle de Crénénan (sablières polychrome sculptées, lambris de voûte peints en 1716, maître-autel et retable)
• Fontaine de Crénénan (Notre-Dame de Crénénan est invoquée pour protéger des incendies ; un pardon s'y déroule le dimanche qui suit le 15 août)

> Dans la région :
• Le Faouët : halles XVe, chapelles et fontaines
• Langonnet : abbaye Notre-Dame
• Pontivy : château des Rohan, moulin-musée des Récollets
• Rigole d'Hilvern

LE CAMP MÉDIÉVAL DES ROUËTS

Au cœur du Porhoët, le camp des Rouëts est un bel exemple de fortifications de terre du Moyen Âge breton. Sauvé de la destruction grâce à l'action d'une association locale, il a été classé au titre des sites en 1975. A l'intérieur d'un vaste enclos d'environ cinq hectares, bordé par un talus entourant en partie le village de Bodieu, il comprend une enceinte fortifiée et une motte castrale. Le camp aurait été l'une des résidences de Judicaël, prince breton du VIIe siècle, et de Salomon, roi breton de l'époque carolingienne. La motte castrale, butte de terre construite de main d'homme, entourée d'un fossé défensif, est un type de défense qui apparaît autour de l'an mil en Europe occidentale. Au sommet, s'élevait un donjon, sans doute en bois.

SITE DU CAMP DES ROUËTS / PHOTO F. L.D.

Le **Circuit** des **Rouëts**

Au cours des siècles, les camps se succèdent sur la commune, laissant leurs traces au sol. Corsold, le roi des Frisons, s'y plaît et y demeure, tout comme les rois de Bretagne qui fondent le camp des Rouëts.

1 Passer devant le terrain de football, suivre la route sur 200 m, puis s'engager sur le chemin à droite. Après le ruisseau, prendre le chemin à gauche. Emprunter la route à droite. Tourner à gauche pour traverser Les Courrayes. Au croisement en T, virer à gauche et parcourir la route à droite. Dépasser les habitations de Coëtservy.

2 Emprunter à droite le chemin d'exploitation. Au bout, prendre la D 167 à droite sur quelques mètres, puis continuer à gauche, d'abord par la route puis par le chemin.

3 Tourner à droite. Emprunter la D 8 à gauche sur 60 m, puis s'engager sur le chemin à droite. Au bout, suivre la route à droite.

4 Prendre le chemin à gauche *(vue sur la forêt de Lanouée)*. Franchir le bief du moulin. Le chemin vire à droite et continue jusqu'au niveau du pont de Bréhélu. Poursuivre en face le long du Ninian.

5 Emprunter le chemin à droite. Prendre la D 8 à gauche sur 125 m, puis bifurquer sur la route à gauche et passer devant le camp des Rouëts *(motte féodale Xe-XIIIe : donjon, enceinte fortifiée VIIIe-X^e)*. Traverser Bodieu vers la droite et déboucher sur la D 8.

> Accès au camp des Rouëts *(possibilité de visite)* **: longer la D 8 à droite, puis partir à droite et contourner les vestiges.**

6 Couper la D 8 *(prudence)* et continuer en face. Au carrefour, prendre la route à gauche. Passer La Noë, bifurquer à droite, traverser Mohon et tourner à droite pour retrouver la salle polyvalente.

MARTRE /
DESSIN P.R.

S SITUATION
Mohon, à 19 km au Nord-Ouest de Ploërmel par la D 8

P PARKING
salle polyvalente

/ DÉNIVELÉE
altitude mini et maxi, dénivelée cumulée à la montée

97 m

50 m   110 m

B BALISAGE
jaune

! DIFFICULTÉS !
brefs parcours sur la D 8 entre **3** et **6**

À DÉCOUVRIR...

> En chemin :
• vue sur la forêt de Lanouée • vestiges du camp des Rouëts Ve-VIIIe

> Dans la région :
• Les Forges : maison de la Forêt • forêt de Lanouée • La Trinité-Porhoët : église de la Trinité • Ménéac : menhir de Bellouan

Les **Fontaines** à **Mauron**

Peut-être verrez-vous, visiteur au cœur léger, elfes et lutins gambader. A moins que vous n'entendiez Morgane ou l'enchanteur Merlin. Prenez garde ! La forêt de Brocéliande n'a pas révélé tous ses secrets…

1 Quitter le parking par la route à gauche de la chapelle, tourner à droite, puis s'engager sur le chemin à gauche. Il vire à droite. Emprunter la D 307 à droite.

2 S'engager sur le chemin à gauche, virer à gauche et atteindre La Barre. Après le hameau, prendre le chemin à droite sur 250 m et arriver à un embranchement.

> **Variante par Mauron** *(circuit de 21 km ; 5 h 15)* **: voir le tracé en tirets sur la carte.**

3 Prendre le chemin à droite, le chemin à gauche sur quelques mètres, puis longer le ruisseau à droite. Suivre la route à droite, le chemin à gauche, virer à droite et déboucher sur un large chemin.

4 Emprunter le chemin à droite et, dans le virage, le chemin tout droit. Prendre la route à gauche et la route d'accès au Clio à droite. Dans le virage, continuer par le chemin, tourner à gauche et suivre la D 141 à droite.

5 Partir à gauche et, tout droit, atteindre la lisière de la forêt. La longer à gauche sur 250 m, entrer en sous-bois à droite et arriver à une croisée de chemins.

6 Suivre le chemin à droite (GR® de Pays) jusqu'au carrefour de la Croix-Pallié. Traverser la D 141 vers la droite et continuer par le chemin en face sur 500 m. Tourner à gauche et franchir le ruisseau du Val-Guyon.

7 Emprunter le chemin à droite. Il vire à gauche puis à droite et longe l'étang de la Chapelle. Traverser la route et gagner une croisée de chemins.

8 Tourner à droite, traverser tout droit Le Lescu et, à la sortie du hameau, prendre le chemin à droite. Avant La Grée, virer à gauche et rejoindre le parking.

S **SITUATION**
Mauron, à 20 km au nord-est de Ploërmel par la D 766

P **PARKING**
chapelle de Beuve, à 5 km au sud du bourg

/ **DÉNIVELÉE**
altitude mini et maxi, dénivelée cumulée à la montée

130 m
130 m
78 m

B **BALISAGE**
rouge

À DÉCOUVRIR…

> **En chemin :**
• Beuve : chapelle Sainte-Anne
• forêt de Brocéliande

> **Dans la région :**
• Saint-Lery : église, fontaines
• Paimpont (Ille-et-Vilaine) : fontaine de Barenton
• Concoret : château de Comper, chêne à Guillotin
• Trehorenteuc : commune classée au patrimoine rural de Bretagne, val sans Retour
• Néant-sur-Yvel : site mégalithique du jardin aux Moines

REPRÉSENTATION DE LA TABLE RONDE / PHOTO CDT 56

UN PEU D'HISTOIRE
LÉGENDES ARTHURIENNES DE BROCÉLIANDE

On dit que Mauron est le nom du fils du prince breton Judicaël et de son épouse Moronoë qui régnèrent au VIIe siècle et fondèrent l'abbaye. A cette époque, la forêt de Brocéliande, dont celle de Paimpont n'est qu'un vestige, couvrait une grande partie de la région. Le nom du hameau de Beuves en Mauron garde le souvenir d'une rivière peuplée de castors. En 1186, Henry II Plantagenêt, qui se prétend le successeur d'Arthur, séjourne en Bretagne. Pour asseoir son autorité de roi de Grande-Bretagne et duc de Petite

Bretagne, il encourage la localisation des légendes arthuriennes dans la forêt. Ecrivains et poètes anglo-normands font courir leur plume ; naissent alors les Romans de la Table-ronde, histoires fantastiques de Merlin l'enchanteur et de la fée Viviane. De curieuses sculptures sont conservées sur les portes de l'ancienne église ; on y voit Adam et Eve tentés par un diable en forme de serpent à tête et buste de femme et l'émeraude de Lucifer dans laquelle sera taillé le précieux Graal.

GEORGES CADOUDAL, CHEF CHOUAN BRETON

ÉVOCATION DES CHOUANS / PHOTO Y.B.

Georges Cadoudal, fils de paysans aisés, naît le 1er janvier 1771 à Kerléano, près d'Auray. Devenu clerc de notaire, il rejoint le camp royaliste en 1791 pour combattre auprès des Chouans, à la suite de l'insurrection déclenchée par les levées militaires et des exactions contre les prêtres réfractaires. Devenu chef chouan du Morbihan, Cadoudal organise le retour des émigrés qui débarquent à Quiberon le 16 juin 1795, appuyés par une importante flotte anglaise. Ils seront battus par Hoche, commandant des forces républicaines. La guérilla bat son plein.

Bonaparte rétablit finalement la liberté religieuse en échange de la soumission des insurgés. Cadoudal signe la paix en 1800 au château de Beauregard à Saint-Avé, mais fuit en Angleterre. Il revient secrètement à Paris en 1803 pour préparer l'enlèvement de Bonaparte. Reconnu et arrêté le 9 mars 1804, il est guillotiné le 25 juin suivant. En 1814, Louis XVIII anoblit la famille de Cadoudal.

MYSTÉRIEUSE FORÊT DE BROCÉLIANDE... / PHOTO Y.B.

BROCARD / PHOTO D. L.

LA VIE FOURMILLE AU SEIN DE LA LANDE

La lande est pleine de vie et offre de nombreuses variétés. La bruyère, l'ajonc de Le Gall, la callune, la molinie, l'agrostis y foisonnent, constituant la majeure partie du couvert végétal. Régulièrement pâturée, la lande permet à une orchidée particulièrement rare de s'épanouir : la spiranthe d'été. Des milliers d'insectes y trouvent refuge pour le plus grand bonheur des traquets, courlis et autres busards. L'homme a toujours su utiliser la lande de manière raisonnée et adaptée à ses besoins. Fauches manuelles et pâturages étaient des pratiques coutumières jusqu'à la dernière guerre. De vastes programmes européens agri-environnementaux ont été lancés pour assurer la gestion des espaces ruraux sensibles comme la lande et la protection des espèces sauvages.

PAYSAGE DE LANDE
PHOTO Y.B.

Les **Landes rennaises**

MOYEN

3H • 12KM

La croix de Sainte-Anne domine le paysage ; on y découvre les landes rennaises. Des moniales ont choisi ce lieu pour s'installer à La Joie-Notre-Dame en 1953, l'abbaye la plus récente de Bretagne.

1 Emprunter la rue derrière l'église, la deuxième rue à gauche, la D 134 à droite, puis monter par la deuxième rue à droite. Après la croix du Moulin, elle devient un chemin.

2 Tourner à droite. Traverser la route, puis bifurquer sur le sentier à gauche. Il mène à Leslan. Couper la route, continuer en face et monter aux moulins des Rohan.

3 Après le premier moulin, tourner à gauche. Après le deuxième, se diriger au Nord-Ouest. Prendre le chemin à gauche, puis virer à droite.

4 Se diriger à gauche (Ouest) sur 2 km. Emprunter la D 134 à gauche, puis bifurquer à droite et gagner la croix Sainte-Anne *(croix monumentale dominant les landes rennaises ; vaste panorama).*

5 Quitter la croix par le chemin à droite et arriver à la lisière du bois, avant la route.

> L'abbaye de La Joie-Notre-Dame se trouve en face, à 600 m *(possibilité de visite).*

6 Tourner à droite, puis à gauche. Continuer par la route à gauche, laisser Les Madrieux à droite, puis bifurquer à droite afin de traverser Le Clio. A La Bosse, se diriger à gauche, couper la D 134 et passer Belleville *(four à pain dans la cour).* Franchir le Comboulot et retrouver l'intersection de l'aller.

2 Suivre le sentier et rejoindre le point de départ.

SPIRANTHE D'ÉTÉ / DESSIN N.L.

S **SITUATION**
Campénéac, à 8 km à l'Est de Ploërmel par la D 724

P **PARKING**
place de la Mairie

/ **DÉNIVELÉE**
altitude mini et maxi, dénivelée cumulée à la montée

159 m

70 m / 170 m

B **BALISAGE**
jaune

! **DIFFICULTÉS !**
parcours et traversée de la D 134 entre **4** et **5** puis **6** et **1**

À DÉCOUVRIR...

> **En chemin :**
• moulins de Rohan
• croix de Sainte-Anne
• abbaye La Joie-Notre-Dame • panorama

> **Dans la région :**
• Campénéac : château de Trécesson, site du Tombeau des Géants
• Ploërmel : musée des Sciences naturelles, horloge astronomique
• Loyat : parc et château XVIIIe • Tréhorenteuc : commune classée au Patrimoine rural de Bretagne, val sans Retour

LA TRÈS PUISSANTE FAMILLE DES ROHAN

Au début du XIᵉ siècle, la Vierge apparaît dans le pays du Porhoët. Le seigneur Guéthenoc y fait construire une chapelle puis un château. Bientôt, une ville sort de terre et prend le nom de son fils, Josselin. Les descendants fondent la dynastie des Rohan qui deviendra une puissante seigneurie. Au XVᵉ siècle, le vicomte Alain X de Rohan et son fils, Jean II, possèdent un domaine aussi grand que le Morbihan actuel. Après la famille ducale souveraine, les Rohan s'affirment comme deuxième famille bretonne. Avec le tissage et le commerce des draps, Josselin devient un important centre administratif et culturel. Puis le château subit assauts et démolitions. Il est abandonné par la famille au XVIIIᵉ siècle. Il faut attendre le XIXᵉ pour qu'il soit rénové.

CHÂTEAU DES ROHAN / photo Y.B.

Balade de Trégranteur

MARTIN-PÊCHEUR / DESSIN P.R.

Vous êtes sur les terres de l'ancienne famille des Trégarantec, propriétaires de terres depuis 1204. Chaque dimanche, l'officier du seigneur rendait justice au pied de la colonne, fort rare en Bretagne.

S SITUATION
Guégon, à 13 km à l'Ouest de Ploërmel par les D 724 et D 126

P PARKING
église du hameau de Trégranteur, à 3 km au Sud-Est du bourg par la D 123

/ DÉNIVELÉE
altitude mini et maxi, dénivelée cumulée à la montée

133 m
39 m   360 m

B BALISAGE
jaune

1 Quitter l'église par la gauche *(plein Nord)*. Passer le château de Trégranteur et, au calvaire, tourner à gauche. A Guilleron, s'engager sur le sentier à droite, descendre jusqu'à une l'intersection et bifurquer à gauche.

2 À la source, suivre le chemin à droite et remonter à Coët-Digo. Au carrefour, tourner à gauche puis s'engager sur le chemin à droite.

3 A l'embranchement, poursuivre et descendre par la route à Coët-Digo.

4 Franchir le pont, monter par la voie communale et arriver à une bifurcation.

> **Possibilité de gagner la chapelle Saint-Antoine située à 500 m : se diriger à droite, puis tourner à droite.**

5 Bifurquer à gauche, partir à gauche dans la vallée du Sedon, passer un ancien terrain de motocross puis le moulin de Roxa.

6 Obliquer à gauche et franchir le petit pont sur le ruisseau. Après le moulin de Panros, tourner à droite et poursuivre par le chemin qui contourne la butte *(à gauche, manoir de Montgrenier)* jusqu'à Coët-Bugat.

7 Après l'église, prendre à droite le chemin d'exploitation. Dans le vallon, monter à gauche *(fontaine et lavoir)* puis, au calvaire Saint-Sulpicien, suivre la route à droite.

8 Avant le calvaire de Pourmabon, partir à gauche en direction des bâtiments d'élevage. Franchir le ruisseau et monter vers la droite. A la hauteur de La Ville-au-Ped, se diriger à droite sur quelques mètres, puis tourner à gauche et continuer par la route qui ramène à Trégranteur *(four à pain à droite)*. Emprunter la D 122 à gauche afin de retrouver l'église.

À DÉCOUVRIR...

> **En chemin :**
• Trégranteur : château XVIIIe-XIXe, église Saint-Melec et colonne de justice • moulin de Coët-Digo • chapelle Saint-Antoine • manoir de Montgrenier XIIIe • Coët-Bugat : église XIXe

> **Dans la région :**
• Josselin : château, ville classée «petite cité de caractère» • Lizio : bourg classé «petite cité de caractère», écomusée des vieux Métiers, musée du Poète ferrailleur, insectarium • Guillac : colonne des Trente • Guéhenno : calvaire XVIe, village du Mont

FAUNE ET FLORE
OISEAUX DES LANDES MENACÉS

L a lande, espace fragile, abrite en son sein des espèces d'oiseaux aujourd'hui menacées. Les prédateurs et les inondations causent la perte de 60 % des pontes. Seulement un cinquième des busards Saint-Martin et busards cendrés qui installent leur nid y élèveront leurs petits en juillet. La linotte mélodieuse, qui revient d'Espagne et du Maroc début d'avril, dissimulera avec soin son nid de brindilles sous un épais couvert. Le pipit farlouse et le traquet pâtre choisiront les landes rases pour y nicher. Le crave à bec rouge, pourtant signalé en Bretagne dès le XVIᵉ siècle, est en voie de disparition. Fin février,

on espère entendre encore longtemps, comme symbole d'un printemps retrouvé, le chant flûté du courlis cendré qui regagne la lande pour y nicher.

LINOTTES MÉLODIEUSES / PHOTO E.B.

Les **landes** de **Lizio**

La lande fleure bon l'ajonc et le genêt. En été, leurs jaunes écarlates éclaboussent la rocaille de mille feux. Le jardin sauvage du massif Armoricain, aux senteurs apaisantes, fourmille de vie.

1 Quitter le parking du côté du sentier botanique et emprunter le chemin à gauche. Il surplombe l'étang. Contourner le deuxième étang par la droite.

2 Continuer tout droit, traverser le carrefour, poursuivre par le large chemin en face sur 1,2 km, puis tourner à gauche et arriver à un embranchement.

3 Poursuivre tout droit sur 100 m.

4 Partir à droite, descendre le long du vallon. Au croisement, prendre en face puis à gauche et encore à gauche. Traverser le village de Bréna et gagner la D 151. Sortir du village par un sentier parallèle à la D 151.

5 S'engager sur le chemin à gauche, puis suivre le large chemin à gauche et retrouver l'intersection de l'aller.

4 Rejoindre tout droit l'embranchement de l'aller.

3 Prendre le chemin à droite (sud-ouest), à travers bois et landes, sur 1 km. Franchir le ruisseau et remonter sur 100 m.

6 Au croisement de chemins, se diriger à droite, couper la route et continuer en face. Franchir le ruisseau, puis remonter vers le bourg. Longer l'église.

7 Poursuivre à gauche sur 100 m, puis prendre à droite la petite route qui descend au parking du Val-Jouin.

BRUYÈRE CENDRÉE / DESSIN N.L.

COURLIS CENDRÉ / DESSIN P.R.

PR® 16

FACILE

2H30 • 7,5KM

S **SITUATION**
Lizio, à 14 km au Sud-Ouest de Ploërmel par les N 166, D 4 et D 174

P **PARKING**
étang du Val-Jouin (côté sentier botanique)

/ **DÉNIVELÉE**
altitude mini et maxi, dénivelée cumulée à la montée

140 m
80 m   100 m

B **BALISAGE**
jaune

À DÉCOUVRIR...

> **En chemin :**
• lande • Lizio : bourg classé « petite cité de caractère », église XVIIe

> **Dans la région :**
• Lizio : écomusée des vieux Métiers, musée du Poète ferrailleur, insectarium
• Le Roc-Saint-André : manoir de la Touche-Carné
• Sérent : tourbières de Kerfontaine
• Trédion : château XIXe

TRADITION

ETONNANT POÈTE FERRAILLEUR

Les morceaux de ferraille s'animent, les pantins articulés de métal entrent en scène. C'est l'univers fabuleux de Robert Coudray que l'on découvre dans la campagne de Lizio, comme un pas dans une enfance retrouvée. Cinéaste de formation, tailleur de pierre par tradition, l'homme a patiemment récupéré moult déchets pour donner vie à une soixantaine d'œuvres animées : fontaines étonnantes, avionneurs, funambules et autres sculptures musicales... Une maison écologique, faite de terre et de chanvre, de pierre et de matériaux sains, complète la visite.

Le musée a reçu en 2001, le premier prix régional des « Bravos du tourisme ». Avec humour, tendresse et poésie, Robert donne du bonheur, sculpte le rêve et invite le visiteur à vivre sa propre aventure.

AVIATEUR ET DON QUICHOTTE / PHOTOS R.C.

Sentier botanique de Lizio

PR® **17**

FACILE

2H20 • 7KM

Tel un livre ouvert, l'on apprend en marchant, les sens en éveil. Au départ du Val-Jouin, les pages du sentier botanique s'égrènent jusque vers le Sud de la commune où l'on croise la vallée de Tromeur.

1 Prendre la direction du bourg sur 100 m, puis s'engager à gauche sur le sentier botanique qui longe le ruisseau.

2 Grimper par le chemin escarpé à droite et arriver à une intersection.

3 Poursuivre tout droit par le chemin.

4 S'engager en face à travers bois. Obliquer à droite et monter vers la lisière du bois. Poursuivre par un large chemin qui descend dans la vallée de Tromeur.

5 Prendre la route à gauche *(sur la gauche, manoir de Tromeur avec tour et pigeonnier XVᵉ-XVIᵉ-XVIIᵉ ; siège de la famille des seigneurs de Sérent)*. Emprunter à gauche le chemin empierré en direction de La Ville-es-Malais sur 600 m.

6 Partir à gauche à travers bois. Descendre par la route à gauche, passer le moulin de Marsac, franchir la vallée et remonter sur 250 m.

7 S'engager dans le passage à gauche et longer la vallée. Franchir un affluent, puis retrouver la bifurcation de l'aller.

2 Regagner le parking.

CAMPAGNOL AGRESTE / DESSIN P.R.

S **SITUATION**
Lizio, à 14 km au Sud-Ouest de Ploërmel par les N 166, D 4 et D 174

P **PARKING**
étang du Val-Jouin

/ **DÉNIVELÉE**
altitude mini et maxi, dénivelée cumulée à la montée

94 m
50 m   190 m

B **BALISAGE**
jaune

! **DIFFICULTÉS !**
passages humides en hiver

À DÉCOUVRIR...

> **En chemin :**
• panneaux sur la flore
• Tromeur : manoir

> **Dans la région :**
• Lizio : bourg classé « petite cité de caractère », écomusée des vieux Métiers, musée du Poète ferrailleur, insectarium • Sérent : tourbière de Kerfontaine • Saint-Guyomard : château de Brignac • Callac : chemin de croix

CANAL DE NANTES À BREST À MALESTROIT

Le développement de Malestroit est intimement lié à la rivière. Au début du XVIIIe siècle, l'Oust est régulièrement utilisée pour le transport de marchandises. La commune prend un nouveau souffle en 1840 avec l'ouverture du canal. Jusqu'en 1977, le défilé des péniches en bois puis des chalands et autres automoteurs est incessant. Aujourd'hui, les bateaux de plaisance ont pris la relève. Plus de trois milliers de coques passent l'écluse chaque année avec une moyenne de trente par jour en été. C'est de l'écluse de Malestroit, le 15 juillet 1966, que le « François Virginie » largue les amarres. Roger Plisson, peintre en bâtiment et navigateur autodidacte accompli en dix-huit mois, un tour du monde en solitaire sur ce bateau construit de ses mains.

PÉNICHE DE PLAISANCIERS SUR LE CANAL / PHOTO Y.B.

Circuit du Houssa

C'est dans la commune de Saint-Vincent-sur-Oust que fut construite la première écluse à sas de France, à la fin du XVIe siècle au déversoir de Beaumont. Celle-ci permettait, à l'époque, la navigation entre Redon et Malestroit.

1 Emprunter la rue du Clos-Chaland vers le canal sur 100 m, se diriger à gauche sur quelques mètres, puis tourner à droite. Le chemin vire à gauche, enjambe un ruisseau, puis oblique à gauche. Prendre la D 147 à droite sur 100 m, remonter le vallon à gauche et gagner un embranchement.

2 Monter en face, passer la station de pompage, tourner à droite, couper la route et arriver au centre de Beaumont.

3 Prendre à gauche et, par le large chemin empierré, monter et tourner à gauche. Couper la route. À la croisée, obliquer à gauche et gagner la Rivière. Emprunter la D 147 à droite, tourner à gauche puis à droite *(puits original à l'arrière du manoir avec mécanisme à double accès)*. Au carrefour, près du manoir de Balangeard *(XVIIe, pigeonnier, linteaux et sculpture)*, suivre la D 147 à gauche sur 80 m.

4 Bifurquer sur le chemin à droite (sud-est). À l'orée du bois, gravir le chemin de gauche, puis suivre le chemin à droite. Au croisement en T, prendre le chemin à gauche sur 50 m, puis le chemin à droite et, à la ferme du Houssa, la route à gauche sur 400 m.

5 S'engager à droite dans l'allée pare-feu. Au troisième croisement, entre les parcelles 9 et 10, tourner à droite dans l'allée forestière. Au bout, virer à gauche en lisière *(antenne à droite)*, puis à droite et, au croisement, poursuivre tout droit. Au sommet, bifurquer à gauche (nord-ouest) dans la grande allée.

6 Au bout, monter à gauche puis à droite pour atteindre le site archéologique et le petit menhir. Poursuivre par le chemin sinueux et, dans le virage *(vue sur la vallée de l'Oust canalisé)*, descendre à gauche près du château de Beaumont. Continuer par le chemin en lisière, gravir le chemin en sous-bois, dévaler la pente à gauche et rejoindre le centre de Beaumont.

3 Par l'itinéraire utilisé à l'aller, revenir à l'embranchement, au bas du vallon.

2 Prendre la voie à droite, continuer tout droit, descendre par la D 147 à gauche et, à droite, regagner le point de départ.

PR® 18

MOYEN

3H15 • 12,5KM

S SITUATION
Saint-Laurent-sur-Oust, à 6 km à l'est de Malestroit par les D 146 et D 146A

P PARKING
place du Four, dans l'angle de l'église

Z DÉNIVELÉE
altitude mini et maxi, dénivelée cumulée à la montée

102 m
10 m
180 m

B BALISAGE
jaune

À DÉCOUVRIR...

> **En chemin :**
• manoir de Balangeard (possibilité de visite)
• massif forestier du Houssa et de Baumont : site néolithique et menhir
• château de Beaumont
• vue sur la vallée de l'Oust

> **Dans la région :**
• Malestroit : « petite cité de caractère »
• Monteneuf : site mégalithique des Pierres Droites
• canal de Nantes à Brest et vallée de l'Oust

TRADITION
LES MOTARDS AU PARDON DE PORCARO

Chaque année, les 14 et 15 août, les motards se rassemblent au pardon de Porcaro. Près de 300 bénévoles, dans une commune qui ne compte que 550 habitants, assurent l'accueil, la restauration et l'organisation du camping gratuit au « village de toiles ». Puis, les quelque 20 000 pèlerins forment une procession avant de se rassembler à la grotte de Porcaro et de conclure la soirée par un grand concert. Le lendemain, avant la messe, les motards, installés sur leurs engins, passent devant les prêtres pour se faire bénir, en gage d'une protection de la Madone. Ils sont alors rejoints par quelque 30 000 visiteurs qui partagent ce temps d'émotion. Le week-end s'achève par une balade de 80 kilomètres à travers une vingtaine de communes environnantes.

PARDON DES MOTARDS À PORCARO / PHOTO Y.B.

Boucle du Chaperon rouge

De tout temps, l'homme a manifesté sa foi et sa quête spirituelle. Trente pierres, de la période néolithique, ont été relevées sur les quatre cents repérées, organisées en six longues files parallèles.

S SITUATION
Monteneuf, à 24 km au Sud-Est de Ploërmel par les D 8 et D 776

P PARKING
maison des randonneurs

/ DÉNIVELÉE
altitude mini et maxi, dénivelée cumulée à la montée

B BALISAGE
jaune

❶ Se diriger vers l'étang, partir à gauche pour le longer, puis rejoindre l'étang du Chaperon-Rouge. Monter à droite sur la butte de la Voltais et tourner à gauche en direction des landes de Monteneuf.

❷ Contourner l'étang de Quéheon, se diriger à gauche sur 60 m, puis suivre le chemin à droite sur 250 m et tourner à droite. Arriver à l'allée couverte de la Loge-Morinais.

❸ Ne pas emprunter le circuit des Mégalithes à droite, mais tourner à gauche et passer près de l'élevage de l'Hôtel-Neuf.

❹ Au Patis-Abel, prendre le chemin à droite, puis le chemin à gauche sur 850 m (*à droite, tertre tumulaire du Tombeau des Rochettes*). Au bout, descendre à gauche, franchir l'Oyon et longer la rive à gauche jusqu'à une intersection.

FUMETERRE OFFICINALE / DESSIN N.L.

> **Possibilité de gagner Porcaro tout droit, à 400 m.**

❺ Tourner à gauche, franchir la rivière et passer le calvaire. Suivre le fond de la vallée de l'Oyon sur plus de 2 km.

❻ Emprunter la route à gauche jusqu'au Pont-Charrié. Franchir le ruisseau. Prendre la route à gauche puis la route à droite et arriver à La Touche. Poursuivre par la route à droite, traverser Trézon et continuer par la route à droite sur 500 m.

❼ S'engager à gauche sur le chemin forestier, emprunter à droite la D 124 sur quelques mètres. Tourner à gauche, puis reprendre à droite le chemin de l'aller pour regagner le point de départ.

À DÉCOUVRIR...

> En chemin :
• étang du Chaperon-Rouge • étang de Quéheon • allée couverte de la Loge-Morinais • Porcaro : oratoire de la Madone des motards • vue sur la vallée de l'Oyon

> Dans la région :
• Monteneuf : alignement des Pierre Droites • Beignon : chapelle Saint-Etienne IXe • Ploërmel : maison des Marmousets, église Saint-Armel XVIe

PATRIMOINE

L'ÉCOLE DES OFFICIERS DE SAINT-CYR

C'est en 1945 que le général de Lattre crée, sur le site de Coëtquidan, une école « unique pour une France unie », accueillant à la fois civils et militaires qui prend le nom d'Ecole spéciale militaire inter-armes. En 1961, sous l'impulsion du général de Gaulle, l'Ecole spéciale militaire de Saint-Cyr est construite. Les murs de la vieille école sont relevés pour abriter un collège militaire qui devient le lycée militaire de Saint-Cyr-l'Ecole. En 1977, une troisième école s'implante à Coëtquidan : l'Ecole militaire du corps technique et administratif. Maison-mère des officiers de l'armée de terre, les écoles assurent la forma-

tion initiale des officiers de carrière, des officiers sous contrat et des volontaires aspirants de l'armée de terre.

MUSÉE DU SOUVENIR À COETQUIDAN/ PHOTO F. L.D

CHAPEAU DE NAPOLÉON/ PHOTO F. L.D

La **Vallée** de l'**Oyon**

Au cours de la balade, se trouve la chapelle Saint-Etienne, l'une des plus vieilles du département, siège d'un prieuré en 1681. La maçonnerie conserve encore les vestiges d'un édifice gallo-romain.

EPERVIER D'EUROPE / DESSIN P.R.

1 Du parking, prendre un chemin qui bifurque ensuite à droite pour rejoindre la Lande-des-Cinq-Chemins.

2 Emprunter le chemin à gauche. Il descend puis sort du bois. Traverser le hameau du Pâtis-d'Abel.

3 Partir à droite et, au carrefour, prendre la voie à gauche (nord). Elle entre dans le bois. Au croisement en T, suivre le chemin à gauche, descendre dans la vallée et atteindre le bord de l'étang de la Priaudais.

> Possibilité de faire le tour de l'étang *(voir tracé en tirets sur la carte)*.

4 Franchir le pont à droite. Suivre le large chemin à droite sur 1,8 km (ancienne voie ferrée).

5 Monter par la route.

> La route à droite mène à Saint-Etienne *(prieuré et chapelle IXᵉ)*.

6 Poursuivre par la route, puis bifurquer sur le chemin à droite. Il vire à gauche et oblique à droite. Au carrefour, monter en face pour gagner La Ville-Bosher.

7 Prendre la route à gauche, tourner à droite, passer le manoir du Vauniel, puis gravir le chemin à droite en sous-bois. Il vire à droite (ouest). Couper la route et poursuivre, le plus souvent, à travers bois. A une intersection proche de la D 776, bifurquer à droite dans un chemin et rejoindre l'étoile de la Lande-des-Cinq-Chemins.

2 Par l'itinéraire utilisé à l'aller, revenir au point de départ.

S **SITUATION**
site des Pierre Droites de Monteneuf, entre Monteneuf et Guer, sur la D 776

P **PARKING**
site

/ **DÉNIVELÉE**
altitude mini et maxi, dénivelée cumulée à la montée

158 m

40 m / 160 m

B **BALISAGE**
jaune

À DÉCOUVRIR...

> **En chemin :**
• rocher Maheux et site mégalithique
• Saint-Étienne : prieuré et chapelle IXᵉ (la plus ancienne du Morbihan)
• La Ville-Bosher : village fleuri
• manoir du Vauniel

> **Dans la région :**
• Porcaro : oratoire de la Madone des Motards

ÉCONOMIE
USINE ET VÉGÉTARIUM YVES ROCHER

Le site industriel Yves Rocher s'offre à la visite ; on y découvre, par une vue panoramique, les 2600 m^2 d'ateliers où s'élaborent secrètement les produits de beauté. Le Végétarium, premier musée en Europe entièrement consacré au monde végétal, est un lieu de divertissement et de sensibilisation pour mieux comprendre et apprécier la diversité de la nature. Né de la collaboration entre le muséum national d'histoire naturelle et Yves Rocher, cet espace multi-sensoriel abrite une reconstitution de la forêt tropicale et du désert aride. Le jardin botanique s'étend sur deux hectares. Il est envahi par les senteurs de plantes médicinales, alimentaires ou tinctoriales. Bon nombre d'entre elles entrent dans la composition des produits cosmétiques.

CHAMP DE MARGUERITES / PHOTO Y.B.

Les **Tablettes** de **La Gacilly**

Quelques « palis », dalles de schiste fichées dans le sol, subsistent encore ; ils servaient à délimiter prés et prairies. Vestiges symboliques des pierres mégalithiques que recèle encore la commune.

1 Traverser le pont qui enjambe l'Aff, gravir en face entre deux maisons une douzaine de marches et continuer à monter en suivant l'indication *circuit pédestre de Cournon*, jusqu'à une intersection.

2 Laisser le chemin du retour à droite et pénétrer dans le bois de pins par un large chemin. Il longe la crête de la colline sur près de 4 km *(ancienne voie romaine ; il marque la limite des départements du Morbihan et de l'Ille-et-Vilaine)*.

3 Au carrefour, tourner à droite et descendre au Cranet. A l'entrée du hameau, bifurquer à droite, puis partir à droite. Le chemin franchit plusieurs talwegs et descend au Brossay. Traverser le hameau par la route à droite, puis emprunter la rue des Palis à gauche sur 250 m. Au carrefour, prendre la route à droite et continuer tout droit *(à droite, château de la Ville-Janvier)*.

4 Se diriger à droite, traverser le hameau typique de Lestun et poursuivre par la route.

5 S'engager sur le chemin à droite, vers un bois. Il mène au dolmen des Tablettes. Tourner à gauche, couper la route, puis bifurquer à gauche et retrouver l'intersection de l'aller.

2 Virer à gauche et utiliser l'itinéraire suivi à l'aller pour rejoindre le point de départ.

ECUREUIL ROUX / DESSIN P.R.

S SITUATION
La Gacilly, à 15 km au Nord de Redon par les D 873 et D 773

P PARKING
office du tourisme

/ DÉNIVELÉE
altitude mini et maxi, dénivelée cumulée à la montée

85 m

6 m 160 m

B BALISAGE
jaune

! DIFFICULTÉS !
• forte montée entre **1** et **2** (et forte descente au retour)

À DÉCOUVRIR...

> En chemin :
• ancienne voie romaine
• château de la Ville-Janvier XIXe • Lestun : hameau typique • dolmen des Tablettes

> Dans la région :
• La Gacilly : végétarium
• Peillac : commune classée au patrimoine rural de Bretagne
• Saint-Nicolas-du-Tertre : bois de Grisan
• Saint-Vincent-sur-Oust : site classé de l'Ile-aux-Pies

UN PEU D'HISTOIRE
PASSÉ PRESTIGIEUX DU MANOIR DE DEIL

La date de 1108 se lit encore à l'intérieur du corps de logis du manoir de Deil (« feuilles » en breton), siège jusqu'en 1409 de la seigneurie des Camzon dont le droit de justice s'étend sur une partie de Saint-Jacut-les-Pins. Au XVIIᵉ siècle, le sénéchal de Deil exerce chaque semaine sa juridiction au bourg d'Allaire. Y vécurent René Pépin, décédé en 1633, président aux requêtes du Parlement de Bretagne ; René Héry, notaire de la juridiction sous la Révolution, maire de Redon de 1800 à 1806 ; Paul de Gibon, maire de Redon de 1871 à 1875. Le château est situé en bordure de l'ancienne voie romaine qui reliait Rieux, antique Durétie, à Allaire, puis Peillac vers le nord, franchissant l'Oust dans un lieu longtemps nommé le « passage des Romains ».

PHOTO CARTOPOLE

ALLAIRE (Morbihan) - Château de Deil

Circuit du Moulin du Quip

MOYEN

3H • 12KM

Le sentier plonge dans la fraîcheur de la vallée de Quip et de son étang poissonneux, au cœur du pays de Redon et de Vilaine, rencontre de trois départements bretons et de deux régions administratives.

1 Prendre la D 14 en direction de Peillac sur 150 m.

2 Emprunter la rue du 19-Mars à gauche, puis la rue du Deil à droite. Traverser Maison-Neuve et poursuivre jusqu'au Vau Jouan.

3 A la statue, partir à gauche, poursuivre droit devant et franchir deux passerelles de bois qui enjambent des ruisseaux. Au croisement en T, virer à gauche, longer un pré, tourner à droite et emprunter un chemin bordé de châtaigniers. Continuer par la route, se diriger à gauche et prendre la D 775 à gauche sur quelques mètres.

4 Emprunter la route à droite. Traverser Le Gros-Chêne par la droite et poursuivre par le large chemin empierré sur plus d'1 km.

MENTHE AQUATIQUE / DESSIN N.L.

5 Virer à droite. Le sentier longe un bois. Emprunter la D 775 à gauche sur 80 m, puis s'engager à droite sur le chemin en sous-bois. Continuer par le sentier le plus à droite et passer entre des prés. Prendre la route à droite sur 250 m.

6 S'engager sur le sentier à gauche. Longer l'étang jusqu'au moulin du Quip. Prendre la route à droite sur 100 m.

7 Partir à droite pour longer l'autre rive de l'étang. Dans le marais, franchir une passerelle de bois, tourner à gauche et utiliser une deuxième passerelle. Poursuivre droit devant. Emprunter la route à droite sur 100 m, puis s'engager à gauche à travers bois et atteindre Le Haut-Four. Prendre la route à droite, la route à gauche et regagner le bourg.

S **SITUATION**
Allaire, à 9 km au Sud-Ouest de Redon par la D 775

P **PARKING**
église

/ **DÉNIVELÉE**
altitude mini et maxi, dénivelée cumulée à la montée

80 m
30 m / 70 m

B **BALISAGE**
jaune

À DÉCOUVRIR...

> **En chemin :**
• étang et moulin du Quip

> **Dans la région :**
• Béganne : château de Léhélec • Saint-Vincent-sur-Oust : site classé de l'Ile-aux-Pies • Peillac : commune classée au patrimoine rural • Rochefort-en-Terre : commune classée « petite cité de caractère »

FAUNE ET FLORE

LA TOURBIÈRE : FRAGILE ET VIVANTE

Une ambiance mystérieuse se dégage des zones humides de Saint-Dolay. La terre est ici en gestation. Dans la tourbière en activité, les sphaignes fabriquent la tourbe. Véritables éponges, elles stockent l'eau jusqu'à trente fois leur poids. On y trouve aussi des plantes caractéristiques du milieu : la droséra, plante carnivore, et le rhynchospore blanc, petite cypéracée. La molinie prolifère et forme de grosses mottes nommées touradons dont seul un pâturage régulier permet d'éviter la prolifération. Il y a

cinquante ans, la France comptait entre 100 et 120 000 hectares de zones tourbeuses. Il n'en resterait que la moitié, dont 6 000 en Bretagne. Un plan national pour la protection des zones humides, dont les tourbières, a été adopté en 1995.

ZONE HUMIDE / PHOTO Y.B.

Buttes et marais de Saint-Dolay

Il n'y a pas si longtemps, la roue du moulin du Roho tournait encore, actionnant la meule et la turbine électrique. Ecoutez ! Peut-être entendrez-vous alors la voix du meunier et les roues des charrettes ?

1 S'engager au Nord dans le chemin sur 1 km.

2 Au croisement, tourner à gauche et longer le petit ruisseau. Monter à travers bois pour atteindre le moulin et le calvaire du Roho. Prendre la D 176 à gauche et franchir le pont.

3 Monter par le sentier à gauche. Prendre le chemin à gauche, couper la route, longer le bois et descendre à gauche. Poursuivre par la route en face sur 300 m.

4 S'engager sur le chemin à droite. Prendre la route à gauche sur 300 m, puis partir à droite, à travers bois. Poursuivre et arriver à une intersection.

5 Tourner à gauche avant la D 34 et longer à gauche le ruisseau du Moulin-Neuf, en sous-bois. Franchir le ruisseau, traverser la patte d'oie routière et poursuivre par le chemin en face.

6 Virer à droite, puis emprunter la première route à gauche. Au croisement, prendre la route à gauche et retrouver le point de départ.

GENTIANE PNEUMONANTHE / DESSIN N.L.

TOURBIÈRE ET LINAIGRETTES / PHOTO Y.B.

SITUATION
Saint-Dolay, à 15 km au Sud de Redon par les D 775 et D 114

PARKING
derrière la mairie

DÉNIVELÉE
altitude mini et maxi, dénivelée cumulée à la montée

38 m

170 m

3 m

BALISAGE
jaune

DIFFICULTÉS !
parcours sur la D 176 entre **3** et **4**

À DÉCOUVRIR...

> **En chemin :**
• bois • zones humides • moulin et calvaire de Roho

> **Dans la région :**
• Saint-Dolay : site départemental de la Corodais
• La Roche-Bernard : musée de l'Abeille, bourg classé « petite cité de caractère »
• Férel : barrage d'Arzal-Camoël
• Rieux : château, chapelle

Les **buttes** de **Vilaine**

De tout temps, on a navigué sur la Vilaine. Dès le XVIe siècle, comme en témoignent de précieuses enluminures conservées à la Bibliothèque nationale, le fleuve est dompté et doté d'un système d'écluses.

1 Emprunter la D 774 vers le Sud sur 400 m, puis bifurquer à gauche et gagner La Châtaignière. Au croisement, prendre la route à gauche sur 250 m, puis le chemin de terre à droite. Traverser la D 774 et suivre le chemin qui part à droite.

2 Au croisement des chemins, tourner à gauche. Suivre la D 34 à droite, bifurquer sur la route à droite et, au carrefour, prendre le chemin en face pour gagner Keraudrain.

3 Par le sentier le plus à gauche, franchir le vallon et atteindre La Fontaine-au-Beurre. Au carrefour, prendre la route à droite puis le chemin à gauche. Arriver à une intersection.

> Variante *(circuit de 14,5 km)* **: tourner à gauche, prendre la D 34 à gauche jusqu'à la croix Daniel, virer à gauche, puis s'engager sur le chemin à droite ; à la croisée, se diriger à droite, traverser la D 34, prendre en face, aller à gauche et gagner la croix du Grand-Moulin-de-Trégut.**

4 Continuer, prendre le chemin à droite, tourner à gauche et poursuivre jusqu'à la croix du Grand-Moulin-de-Trégut.

5 Prendre la route à droite sur 100 m, puis bifurquer sur le chemin à gauche. Continuer par la route.

6 Traverser Tréguet. A la sortie du hameau, partir à droite. Couper la route et poursuivre en face. Descendre par le chemin creux à gauche. Au bout, tourner à droite, remonter, emprunter la route à gauche et arriver à L'Isle.

7 Au croisement, prendre le large chemin qui descend vers la Vilaine, sur 300 m. Continuer par le petit chemin en face. Il surplombe le fleuve. Passer Le Stery, Kernélo et contourner l'étier du Rah-Coët par la droite. Franchir la passerelle et remonter vers les buttes de Rosquet dans le bois. Traverser Rosquet. Redescendre à gauche vers la Vilaine et longer le port *(vue sur le pont de La Roche-Bernard)*.

8 Partir à droite, prendre la D 774 à gauche et rejoindre le parking.

S SITUATION
hameau de La Voûte (commune de Férel), à la sortie Sud de La Roche-Bernard par la D 774

P PARKING
dans le hameau

/ DÉNIVELÉE
altitude mini et maxi, dénivelée cumulée à la montée

43 m

3 m / 220 m

B BALISAGE
jaune

! DIFFICULTÉS !
parcours sur la D 774 entre **1** et **2** puis entre **8** et **1** et sur la D 34 entre **2** et **3**

À DÉCOUVRIR...

> En chemin :
• croix du Grand-Moulin-de-Trégut • berges de la Vilaine • buttes de Rosquet • pont suspendu de La Roche-Bernard

> Dans la région :
• La Roche-Bernard : musée de la Vilaine maritime, port •Férel : barrage d'Arzal-Camoël • Pénestin : maison de la mytiliculture, pointe du Halguen

ÉCONOMIE

LE BARRAGE D'ARZAL RÉGULE LA VILAINE

En 1961, le ministère de l'Agriculture inscrit dans ses priorités la maîtrise des eaux de la Vilaine afin d'enrayer les inondations hivernales qui atteignent régulièrement Redon et le bassin en amont. L'institut interdépartemental de l'aménagement de la Vilaine est alors créé et avec lui, le barrage d'Arzal, conçu pour réguler les caprices du fleuve. L'ouvrage, long de 150 mètres, coupe la Vilaine ; la masse de terre s'appuie d'un côté sur les roches de Camoël et de l'autre sur l'écluse et le système de vannage. La retenue permet d'alimenter en eau potable les presqu'îles de Rhuys et de Guérande. Depuis 1996, une échelle favorise la remontée des poissons et autres anguilles. Seuls quelques professionnels sont autorisés à pêcher la civelle.

L'écluse rend possible le passage des bateaux de la Vilaine maritime à la Vilaine fluviale sans que la salinité ne se répande en amont. Un port de plaisance où s'abritent des centaines de bateaux a été aménagé. De nombreux chantiers maritimes côtoient restaurants et camps de loisirs.

PRÈS DU BARRAGE D'ARZAL / PHOTO Y.B.

L'ÎLE AUX MOINES / PHOTO Y.B.

PATRIMOINE
BALADE LE LONG DES ÎLES DU GOLFE

Les habitants du golfe se sont forgés une solide réputation de marins, entraînés à faire face aux violents courants et excès de la marée. Quelques sinagots, embarcations à voilure carrée rouge, sillonnent encore les eaux tumultueuses de la petite mer. Des milliers d'oiseaux migrateurs ont colonisé les marais de Falguérec. L'Ile aux Moines (« Izenah » en breton), longue de 6 km, vit aujourd'hui du tourisme et de l'ostréiculture. L'Ile d'Arz, dont les anciennes maisons du XVIIᵉ siècle de capitaines au long cours parsèment la côte, abrite plusieurs écoles de voile. A l'Ile Illur, le pardon de la

chapelle Notre-Dame-de-Lourdes, attire, fin juillet, de nombreux pèlerins venus en bateaux décorés de rubans. L'Ile de Gavrinis abrite un cairn vieux de 5 000 ans, aux dalles ornées de sculptures, chef-d'œuvre de l'art mégalithique. Non loin, trône l'Ile Berder, que l'on peut atteindre à marée basse depuis Larmor-Baden. Sur l'Ilot d'Er Lannic, un double cromlech, en partie submergé, témoigne de la variation du niveau de la mer à travers les siècles.

AIGRETTE GARZETTE / PHOTO D.L.

RÉGATES DANS LE GOLFE DU MORBIHAN / PHOTO Y.B.

L'ABBAYE DES PRIÈRES ET SES VIGNES

Ornées d'un losange et d'une hermine, quatre bornes en granit marquent les limites des terres de l'abbaye et ses vignes en Billiers. Les bâtiments ont été fondés en 1252 grâce aux dons de Jean 1er, duc de Bretagne. Le monastère prospère, comptant jusqu'à soixante moines cisterciens. Les bâtiments, détériorés à la Révolution, abritent aujourd'hui un centre de réadaptation

sociale. Exposés au Sud, les coteaux du Moustoir, Kerantré, Coëtsurho étaient occupés par des vignes jusqu'au milieu du XXe siècle. De nombreuses familles d'agriculteurs des villages voisins, des habitants des bourgs ou de la presqu'île de Rhuys, possédaient un à deux rangs de vigne pour leur consommation. Les ceps ont été détruits à la fin du XIXe siècle par le phylloxéra.

BORNE DE PRIÈRES /
PHOTO V.B.

Les **vignes** et **bornes** de **Prières**

Bon nombre d'édifices religieux sont marqués du passage des Templiers et des Hospitaliers de Saint-Jean. Quelques-uns se trouvent d'ailleurs sur la route des pèlerins de Saint-Jacques-de-Compostelle.

FEUILLE DE VIGNE /
DESSIN N.L.

S SITUATION
Muzillac, à 25 km au Sud-Est de Vannes par la N 165

P PARKING
chapelle de Trégréhen, à 2 km au Sud-Est du bourg

/ DÉNIVELÉE
altitude mini et maxi, dénivelée cumulée à la montée

B BALISAGE
jaune

1 Quitter le hameau par la route au Sud. Bifurquer à droite puis à gauche et arriver à un embranchement *(à droite, à quelques mètres, borne de Prières)*.

2 Laisser le chemin de retour à droite et continuer tout droit par le chemin. Longer un bois et poursuivre par la petite route sur 200 m *(borne de Prières à droite)*. Au carrefour, se diriger à droite et traverser Kerantreh. Descendre par le chemin creux et se rendre par la route à gauche sur les bords de la Vilaine *(autrefois, des vignes étaient exploitées dans ce secteur ; vers la fin du XIXe siècle, les ceps des coteaux de Vilaine ont été détruits par le phylloxéra)*.

3 Tourner à droite et utiliser le sentier côtier. Il passe à Port-Nart *(vue sur la Vilaine ; possibilité d'observer les oiseaux de l'estuaire et un four à chaux restauré)*. Poursuivre par le sentier côtier sur 500 m.

4 Partir à droite. Ne pas emprunter la voie qui mène au hameau des Granges, mais s'engager sur le chemin à droite (nord-est). Au croisement en T, virer à gauche.

5 Emprunter la route à droite. Au carrefour, se diriger à gauche sur 50 m, puis suivre la route à droite. Couper la voie communale, continuer par le chemin en face *(borne de Prières)*, longer les éoliennes par le chemin des Poissonniers et retrouver l'intersection de l'aller.

2 Tourner à gauche et rejoindre Trégréhen.

À DÉCOUVRIR...

> En chemin :
• Trégréhen : chapelle Notre-Dame-de-Toute-Aide • bornes de Prières • vue sur l'estuaire de la Vilaine • four à chaux

> Dans la région :
• Muzillac : moulin à eau et étang de Pen-Mur
• Billiers : abbaye cistercienne de Prières, dolmen du Crapaud, pointe de Pennlan
• Le Guerno : parc zoologique de Branféré, bourg, église Notre-Dame XVIe
• Damgan : port de Pénerf

ÉCONOMIE

DU PAPIER AU MOULIN DE PEN MUR

L'étang de Pen Mur, paradis des pêcheurs, est un réservoir privilégié. Sa cascade actionne la roue à aubes du moulin où l'on fabrique toujours du papier à partir de vieux chiffons selon la tradition du XVIIIe siècle. Le processus est reconstitué avec des appareils d'époque dans le respect des techniques d'origine. Dans le dérompoir, le chiffon est trié et découpé en petits morceaux. Actionnée par la roue hydraulique, la pile à maillets écrase et défibre le tissu. Dans la cuve à ouvrer, les feuilles de papier apparaissent sur la forme, tamis fixé à un cadre de bois. Sous les presses, elles sont essorées avant d'être mises à sécher au dernier étage du moulin puis passées au calandrage, laminoir qui donne au papier son aspect satiné.

MOULIN ET ÉTANG DE PEN MUR / PHOTO F. L.D.

Circuit des Trois-Rivières

PR® 26

FACILE

3H • 9,5KM

La vie s'égrène au rythme des moulins, autrefois propriété des seigneurs. La roue actionne la meule qui transforme le grain en farine. Celle de Trémondet était aussi utilisée pour traiter le chanvre.

1 Tourner le dos à la mairie. A la pharmacie, se diriger à gauche, puis à droite vers le parcours botanique de Michochêne. Traverser un parking et longer le terrain de football. Emprunter la route à droite sur quelques mètres, puis s'engager à gauche sur le sentier qui descend en sous-bois. Passer à droite de l'étang.

2 A l'intersection, tourner à gauche et franchir le pont. Au croisement, virer à droite et passer le rocher de la Gravelle *(table de lecture sur l'histoire du rocher de la Gravelle)*. Laisser un étang à droite.

3 À la barrière en bois, tourner à droite puis une nouvelle fois à droite. Monter par le chemin à gauche.

4 A la croisée, laisser le sentier à gauche et descendre par le chemin de terre à droite. Dans la vallée, franchir le ruisseau du Pont-Noyal sur le pont de pierres. Couper un chemin transversal, passer le pont de bois et atteindre Trébigan.

5 Au carrefour, prendre la route à gauche et, dans le virage, poursuivre par le chemin de terre. A l'intersection, se diriger à droite, puis couper la route et continuer par le sentier en face, en sous-bois. Aller tout droit, gravir le raidillon à droite et emprunter le chemin transversal à gauche. Contourner une sapinière.

6 Prendre la route à droite. À l'entrée de Kervy, partir à gauche, s'engager sur le chemin à gauche, puis utiliser le chemin à droite. Au croisement en T, tourner à droite, puis suivre le chemin à gauche. Emprunter la D 5 à droite, passer l'ancien moulin de Trémondet et franchir le pont.

ASPHODÈLE / DESSIN N.L.

7 Bifurquer à droite vers Pont-Pily. Après le groupe de maisons, prendre la route à gauche. Elle ramène au bourg.

S SITUATION
Noyal-Muzillac, à 30 km à l'Est de Vannes par les N 165 et D 5

P PARKING
mairie

/ DÉNIVELÉE
altitude mini et maxi, dénivelée cumulée à la montée

55 m

15 m / 200 m

B BALISAGE
jaune

! DIFFICULTÉS !
parcours sur la D 5 entre **6** et **7**

À DÉCOUVRIR...

> **En chemin :**
• Noyal-Muzillac : bourg classé au patrimoine rural de Bretagne
• parcours botanique de la Michochêne
• ruisseau du Pont-Noyal

> **Dans la région :**
• Le Guerno : parc animalier et botanique de Branféré • Billiers : abbaye cistercienne, dolmen du Crapaud, pointe de Pennlan
• Questembert : halles XVIIe, chapelles et fontaines
• Rochefort-en-Terre : commune classée « petite cité de caractère »

ÉCONOMIE

ARDOISIÈRES DE ROCHEFORT-EN-TERRE

Bientôt, le chaume disparaît et l'utilisation du schiste ardoisier en toiture donne naissance à de nombreuses carrières locales sur la crête de Rochefort-en-Terre, Pluherlin, Malansac, Saint-Jacut-les-Pins, les Fougerêts. Les blocs d'ardoise sont désolidarisés du massif à l'aide de coins enfoncés à la masse, avant d'être débités puis remontés vers la surface dans des bassicots où des ouvriers se chargent alors de les détailler selon les besoins. Les tailleurs de schiste, nommés pierreurs, délitent les ardoises en utilisant soigneusement toutes les chutes. L'activité traditionnelle, mentionnée dans des écrits du milieu du XVIᵉ siècle, disparaîtra au lendemain de la seconde guerre mondiale, victime de la concurrence des ardoises d'Angers.

ANCIENNES ARDOISIÈRES / PHOTO J.C.

Le **tour** de Rochefort-en-Terre

Rochefort-en-terre, petite cité de caractère, domine la vallée depuis une crête rocheuse et un piton escarpé. Ni lignes électriques, ni panneaux publicitaires ne viennent enlaidir ce charme médiéval.

1 Partir en direction du bourg. Prendre à droite la D 774 vers Saint-Gravé.

2 Descendre vers le vieux bourg.

3 Prendre la route à gauche. Elle se transforme en chemin puis passe en sous-bois. Longer un étang et déboucher sur une route.

4 La suivre à gauche sur 100 m.

5 Monter par le chemin à droite. Traverser la D 777 et continuer en face. Couper la route et poursuivre vers le moulin de Bogeais. Pénétrer dans le bois et descendre tout droit jusqu'à l'étang du Moulin-Neuf.

6 Tourner à gauche, franchir le pont de bois, longer la berge de l'étang et gravir l'escalier de pierre à gauche. Emprunter la D 774, monter par le sentier à gauche et continuer par la route à gauche. Elle dessert le manoir de Saint-Fiacre, Beauvais et se dirige vers Rochefort-en-Terre.

7 Continuer par le sentier en face. Il se faufile entre des habitations. A la sortie du bois, tourner à gauche. Emprunter la route à gauche sur 100 m et, à la croix de pierre, bifurquer à gauche. Passer la chapelle Saint-Michel et revenir au parking *(la chapelle Saint-Michel remonte aux premiers comtes de Rochefort, vers le xe siècle ; la cloche date de 1670).*

EUPHORBE DES BOIS / DESSIN N.L.

S **SITUATION**
Rochefort-en-Terre, à 30 km à l'Est de Vannes par les N 166, D 775 et D 777

P **PARKING**
place Saint-Michel

/ **DÉNIVELÉE**
altitude mini et maxi, dénivelée cumulée à la montée

79 m
23 m
120 m

B **BALISAGE**
jaune

! **DIFFICULTÉS !**
parcours sur la D 774 entre **1** et **3** puis entre **6** et **7**

À DÉCOUVRIR...

> **En chemin :**
• bourg classé « petite cité de caractère »
• étang du Moulin-Neuf
• manoir de Saint-Fiacre
• chapelle Saint-Michel

> **Dans la région :**
• Malansac : parc de la Préhistoire de Bretagne, lac bleu des Ardoisières
• Caden : châteaux de la Beraie xvie et de Bodélio
• Malestroit : maison de l'eau et de la pêche
• Saint-Vincent-sur-Oust : site classé de l'Ile-aux-Pies

GASTRONOMIE

RESTAURATEURS CONQUIS PAR LA CHÂTAIGNE

Longtemps délaissée, la châtaigne retrouve aujourd'hui ses lettres de noblesse. Certaines variétés de châtaigniers donnent un fruit entier, sans cloisons intérieures, nommé marron. Bon nombre de restaurateurs lui font la part belle pour accompagner les trésors de leur carte. Les innovations fleurissent : terrine de volaille aux marrons, gâteaux à base de farine de châtaignes, marrons glacés

PHOTO PH.D.

ou confits pour relever le goût d'un suprême de pintade… Il faut, pour cuisiner, choisir un fruit très frais, séché à l'air libre. Le marron est un fruit de conservation délicate. Les spécialistes optent pour la surgélation estimant que la stérilisation enlève le goût et le corps du fruit. Depuis plusieurs années, des châtaigneraies ont été à nouveau implantées.

Sentier des Popinettes

La vallée est le paradis des pêcheurs. Truites, gardons, brochets, perches et autres goujons se développent à loisir dans le Tohon, le Kervilly, le Trévelo ou l'Arz, tous classés en première catégorie.

1 Quitter le parking en direction du bas de la place, traverser la rue Cadoudal et passer devant le lavoir des Fontaines. Continuer tout droit, puis franchir la rivière.

2 Prendre le chemin à droite. Il longe la vallée. Dans le coude du chemin, continuer tout droit. Poursuivre à droite par la D 5 *(passer à droite du rail de sécurité jusqu'à la fin de celui-ci)*. Emprunter le passage piéton et contourner l'étang de Célac par la gauche. Passer l'entrée du camping, le lavoir et la fontaine du Hulo. Tourner à droite, longer le camping et traverser les landes de Kerjumais.

3 Emprunter la route à gauche, traverser la D 1 et continuer en bordure du verger conservatoire. Laisser le chemin à droite, puis entrer en sous-bois. Le chemin oblique à droite, descend le long du vallon et arrive à la hauteur du moulin de Kéredren.

4 Gravir la voie à gauche, puis continuer à gauche pour traverser La Grée-Tréhulo. Couper la D 7, puis la longer sur 150 m. Croiser la voie de desserte de Keredren, puis poursuivre par le chemin qui s'enfonce en sous-bois. Franchir le thalweg, puis descendre le long de la vallée de Cohignac. Laisser l'ancien moulin à droite, puis enjamber un affluent.

5 Prendre le chemin, à angle aigu, à gauche et, avant Cérillac, suivre le chemin à gauche. Franchir le thalweg et monter à Kerévant. Emprunter la route d'accès à droite. Traverser la D 5 et continuer par la route en face jusqu'aux croix géminées de Saint-Jean.

> Accès à la chapelle, à 300 m à droite.

6 Suivre le chemin à gauche. Franchir le vallon et continuer dans la même direction par une succession de chemins différents. Dans la descente vers le deuxième vallon, à l'angle du bois, bifurquer sur le chemin creux à droite, puis virer à gauche pour passer le petit pont de bois. Le chemin se dirige vers Questembert avant d'obliquer à droite et de rejoindre le lavoir des Fontaines. Tourner à droite pour regagner le parking.

HÉRISSON / DESSIN P.R.

S SITUATION
Questembert, à 25 km à l'est de Vannes par les N 166, D 775 et D 5

P PARKING
place de la mairie (place du Général-De-Gaulle)

/ DÉNIVELÉE
altitude mini et maxi, dénivelée cumulée à la montée

97 m

37 m — 210 m

B BALISAGE
jaune

! DIFFICULTÉS !
• traversée des D 1 et D 7

À DÉCOUVRIR...

> **En chemin :**
• Questembert : halles XVIe, lavoir et fontaine Saint-Martin
• verger conservatoire
• Saint-Jean : croix géminées, chapelle

> **Dans la région :**
• Rochefort-en-Terre : « petite cité de caractère »

PATRIMOINE

LE GORVELLO SUR THEIX ET SULNIAC

Le village du Gorvello a une particularité : il est divisé en deux avec une partie sur la commune de Theix et l'autre, sur la commune de Sulniac. Une agréable promenade s'impose, le long du ruisseau qui porte le même nom que le village. On est séduit par la chapelle Saint-Roch et son lavoir. Non loin de là, on aperçoit le clocheton de l'ancienne chapelle du Plessis-Josso avec la statue de Saint-Vincent Ferrier. Construite au XVIe siècle, l'église Saint-Jean-Baptiste est ouverte sur son pignon occidental par une porte en anse de panier à moulures multiples. Le porche de 1560, ouvert vers le nord, est une exception en Bretagne. À la tombée du soir, un éclairage discret, réalisé tout récemment, met en valeur l'architecture traditionnelle.

RUE DU GORVELLO / PHOTO P.RO

Les **vieux villages** de **Sulniac**

En 1790, Sulniac a été privée d'une grande partie de son territoire qui a formé alors Treffléan et La Vraie-Croix. C'est de là qu'est parti, en 1791, un important cortège constitué de 1500 paysans en colère.

1 Partir à gauche de la mairie. Se diriger au Sud pour traverser les lotissements.

2 Au bout des lotissements, s'engager sur le chemin à droite. Couper la route et aller en face. Prendre la D 183 à gauche sur 20 m et partir à droite vers Les Vallons. Poursuivre par l'allée des Fougères, descendre à gauche vers le bois, puis emprunter le sentier à droite. Bifurquer à gauche, puis descendre par le chemin à gauche vers la prairie. A la deuxième brèche à droite, passer par le sous-bois.

3 Grimper à gauche. Continuer en face et gagner les maisons en contournant le champ par la gauche. Dans le hameau, tourner à droite puis à gauche et poursuivre par le chemin creux. Aller à droite, contourner le bois par la droite et monter à gauche. Emprunter l'allée qui mène à Lostihuel. Descendre à gauche, couper la D 183 et prendre le sentier conduisant au hameau. Se diriger à gauche puis à droite. S'engager sur le deuxième chemin à droite. Couper une voie et continuer en face par l'allée forestière qui mène à La Salle. Prendre la route à gauche et, à la bifurcation routière, le chemin à droite. Tourner à droite, poursuivre, puis obliquer à gauche. Traverser un bois, puis se rendre à Tréguern.

4 Contourner la retenue d'eau par la droite. S'engager sur le chemin creux à gauche, puis tourner à gauche. Aller à droite. Emprunter la route à droite. A Bel-Orient, prendre le chemin à gauche, longer un talus, puis se diriger vers un bosquet. Atteindre la chapelle Sainte-Marguerite à droite.

5 Tourner à gauche. Franchir le vallon, puis grimper au Mont. Suivre la route à droite. Virer à gauche et passer en sous-bois. Prendre la D 104 à gauche, puis la route des Ferrières à droite. Obliquer à gauche dans le bois, longer le plan d'eau et emprunter la route à gauche. Contourner la maison par la droite. S'engager sur le sentier à gauche et gagner Kernez. Parcourir la D 104 à droite sur 150 m.

6 Partir à gauche. Après le point d'eau, prendre le chemin creux à droite. En lisière du bois, aller à gauche, virer à droite et continuer tout droit. Traverser la route, la longer à droite sur 250 m, puis s'engager dans une brèche à gauche. Contourner un champ et continuer par le chemin. Aller à droite, puis à gauche et revenir à l'église.

S SITUATION
Sulniac, à 15 km à l'Est de Vannes par les N 166, D 775 et D 183

P PARKING
église

/ DÉNIVELÉE
altitude mini et maxi, dénivelée cumulée à la montée

135 m

75 m   270 m

B BALISAGE
jaune

! DIFFICULTÉS !
• traversée de la D 183 entre **3** et **4**
• parcours sur la D 104 entre **5** et **6**

À DÉCOUVRIR...

> En chemin :
• Tréguern : moulin
• Sainte-Marguerite : fontaine et chapelle
• Le Mont : four à pain
• Les Ferrières : château

> Dans la région :
• Elven : forteresse médiévale de Largoët, église, chapelles
• Theix : château du Plessis-Josso, chapelle Notre-Dame-la-Blanche
• Le Hézo : musée du Cidre et du Terroir
• La Vraie-Croix : chapelle

PATRIMOINE
TRÉSOR DE L'ABBAYE DE SAINT-GILDAS

Le monastère, fondé en 560 par saint Gildas, est ravagé au Xᵉ siècle par les Vikings avant d'être relevé un siècle plus tard par le moine Félix, ermite à Ouessant. En 1125, le philosophe et théologien Abélard est nommé abbé pour rétablir l'ordre au sein de l'abbaye. En 1649, les Bénédictins la prennent en charge. Elle est progressivement abandonnée puis supprimée en 1772. Le monastère est reconstruit au XVIIIᵉ siècle avant de devenir propriété des Sœurs de la charité Saint-Louis. Durant la Révolution, le trésor, constitué d'œuvres du XIVᵉ au XVIIIᵉ siècle,

est caché dans les greniers des maisons environnantes : calice en or, reliquaires contenant les ossements de Saint-Gildas, châsse en bois du XIVᵉ siècle recouverte de feuilles de cuivre.

ABBAYE DE SAINT-GILDAS / PHOTO Y.B.

La **Pointe** du **Grand-Mont**

PR® 30

FACILE

2H50 • 8,5KM

Belle et cruelle à la fois, la mer fascine. Au Grand Mont, d'où l'on découvre la côte et les îles, une croix a été édifiée en hommage aux marins disparus en mer. Chaque année un pèlerinage y est organisé.

CRISTE MARINE /
DESSIN N.L.

1 Quitter la place par le chemin des Dames *(à droite du cimetière, portail, vestige de l'église Saint-Goustan XIᵉ)*. Au bout, tourner à gauche, puis à droite. Emprunter le chemin du Petit-Pont, le chemin du Clos-Castel puis le chemin de Sav-Héol. A La Grande Vigne traverser la route de Roh-Vras et suivre à gauche le chemin de Poul-Mare.

2 Au croisement des quatre chemins de terre, prendre à droite le chemin de Kerbistoul afin d'atteindre Le Cossay *(fontaine)*. Traverser la rue, emprunter le chemin de la Grande-Vigne *(fontaine)*, puis le chemin du Ligno à gauche. Il mène à la plage de Saint-Jacques.

3 S'engager sur le sentier côtier à droite *(menhir de la Pierre Jaune)*. Le cheminement se fait à deux reprises par le haut de la plage.

4 Après le petit Port aux Moines, niché derrière ses digues, passer le menhir de Saint-Gildas. Longer la plage de Port-Maria sur 50 m à gauche, poursuivre par le sentier côtier et arriver à la pointe du Grand-Mont *(au pied, grotte et fontaine ; au sommet, croix et table d'orientation ; panorama sur la côte et les îles)*. Contourner le sémaphore.

5 Prendre la rue du Grand-Mont à droite, la route à gauche et regagner l'abbatiale.

POINTE DU GRAND MONT / PHOTO Y.B.

S SITUATION
Saint-Gildas-de-Rhuys, à 30 km au Sud de Vannes par les N 165, D 780 et D 198

P PARKING
abbatiale, place Monseigneur-Ropert

DÉNIVELÉE
altitude mini et maxi, dénivelée cumulée à la montée

36 m
5 m   60 m

B BALISAGE
jaune

! DIFFICULTÉS !
• passage humide entre **1** et **2**

À DÉCOUVRIR...

> En chemin :
• menhir de la Pierre Jaune • menhir de Saint-Gildas
• pointe du Grand Mont (grotte, fontaine, croix, table d'orientation)
• panorama

> Dans la région :
• Sarzeau : château de Suscinio, marais du Duer, tumulus de Tumiac
• Saint-Armel : île Tascon, anciens marais salants de Lasné
• Arzon : moulin de Pen-Castel, butte de César, cairn du Petit-Mont
• Le Hézo : musée du Cidre et du Terroir

ESSENCES RARES AU BOIS DE KEROZER

Le bois de Kerozer, propriété de la commune, s'étend sur vinq-cinq hectares. En son sein, trône un château qui, entre le XVIᵉ et le XIXᵉ siècle, a subi bon nombre de transformations. Les Clérigo en sont propriétaires jusqu'en 1515, puis les La Bourdonnaye de 1515 à 1753, les Kermoysan, la baronne de l'Epée et, plus récemment, la communauté des Frères des écoles chrétiennes. Un de ses propriétaires, grand voyageur, a ramené de ses déplacements, graines et autres plants qui, depuis lors, ont grandi et produit ce parc si particulier aux abords de la ville. On y découvre chêne pédonculé, chêne vert et chêne-liège, hêtre commun pourpre, arbousier, sapin de Céphalonie, pin de Monterey, pin sylvestre et pin noir d'Autriche.

BOIS DE KEROZER /
PHOTO T. L.B.

Le **bois** de **Kérozer** à **Saint-Avé**

Plus d'une quinzaine de châteaux se trouvaient autrefois à Saint-Avé. Celui de Kerozer a appartenu à un grand voyageur ; le parc est riche aujourd'hui des précieuses essences qu'il a rapportées.

BOUVREUIL PIVOINE/ DESSIN P.R.

1 Se diriger vers le fond du parking et, près du lavoir, suivre le sentier qui longe le ruisseau de Lihuanten. Traverser la route et continuer en face.

2 Longer la route à droite et entrer à gauche dans le bois de Kérozer *(où se côtoient de nombreuses espèces arboricoles comme le chêne vert, le chêne liège, le cèdre...)*. Prendre l'allée centrale qui mène au belvédère *(ancien moulin à vent)* et continuer droit devant jusqu'à la sortie du bois. Emprunter la route à droite vers le château de Kérozer.

3 S'engager sur le sentier à gauche de l'entrée du château, dans la prairie. Au calvaire, aller à gauche et longer la haie jusqu'àu chemin des Ecureuils.

4 Obliquer à gauche et poursuivre par le sentier jusqu'aux deux poteaux. Traverser l'allée du château, continuer en face et côtoyer la lisière du bois.

2 À la sortie du bois, après la croix, tourner à droite et se diriger vers l'église de Saint-Avé *(sur la route, presbytère et manoir du Kreisker XVIᵉ)*.

5 Prendre la rue du Général-De-Gaulle à gauche *(à gauche, deux croix jumelles)* et rejoindre la chapelle Notre-Dame-du-Loc *(charpente en forme de carène de navire renversé)*.

S SITUATION
Saint-Avé, à 3 km au Nord de Vannes par la D 126

P PARKING
chapelle Notre-Dame-du-Loc

/ DÉNIVELÉE
altitude mini et maxi, dénivelée cumulée à la montée

65 m
28 m 50 m

B BALISAGE
jaune

À DÉCOUVRIR...

> En chemin :
• chapelle Notre-Dame-du-Loc XVᵉ • bois de Kérozer
• belvédère • manoir du Kreisker XVIᵉ

> Dans la région :
• Vannes : porte Prison, remparts, quartier Saint-Patern, cathédrale Saint-Pierre, musée des Beaux-Arts La Cohue, port, lavoirs XIXᵉ
• Séné : réserve naturelle des marais
• Theix : château du Plessis-Josso, chapelle Notre-Dame-la-Blanche
• Grand-Champ : bois de Botségalo, fontaine et chapelle Notre-Dame-de-Burgo, moulin et manoir de Kermenguy, manoir de Kerléguen

TRADITION
TOPONYMIE ENTRE KER ET PLOU

Les noms comportant la sonorité Plou sont très répandus à l'Ouest de la Bretagne. Certains auteurs y voient la racine latine plebs, appellation bretonne des communautés de fidèles dont bon nombre se greffent sur des territoires déjà organisés. Contrairement aux noms avec Plou, les Gwic et Guic désignent davantage le chef-lieu et non une paroisse primitive. Les noms en Lan désignent un petit établissement religieux ou oratoire. Contemporains des noms en Plou, ils portent souvent le nom du moine ou de l'ermite qui y a séjourné. L'appellation Ker entre dans la composition de nombreux lieux ; elle peut se transformer en Car. Du vieux-breton Caer et du latin castrum, elle désigne d'abord un lieu fortifié, un camp puis une exploitation, une ville.

UN NOM BIEN BRETON… / PHOTO V.B.

Balade d'Assenac à Ploeren

Les noms de lieux terminés par ac signifient bien souvent une présence gallo-romaine. C'est le cas au village d'Assénac où tuiles, fragments de mortier de tuileau, tessons de poteries ont été découverts.

1 Quitter le parking par la rue de l'Eglise *(stèle à la mémoire de Louis Cadoudal, frère de Georges, chef de la Chouannerie bretonne décédé en 1804)* pour gagner la place d'Armor avec son puits central. Emprunter la rue des Ormes à droite et gagner la sortie de l'agglomération.

2 S'engager sur le chemin boisé à gauche *(au bout, de l'autre côté du ruisseau de la Fontaine-du-Bourg, château du Mézo dont l'origine remonte au XVᵉ)*, poursuivre et atteindre une intersection.

3 Descendre par le chemin encaissé à gauche pour rejoindre Assenac.

4 Dans le hameau, suivre la route à droite. Traverser la route de Baden vers la droite et continuer en face vers Kergristien sur 100 m.

5 Longer le talus à droite pour rejoindre Ty-Douaro. Arriver au ruisseau du Len, puis tourner à droite et prendre le chemin creux. Traverser à nouveau la route de Baden, longer le cimetière et, au carrefour, emprunter le chemin à gauche.

2 Par l'itinéraire suivi à l'aller, regagner l'église.

VÉRONIQUE PETIT CHÊNE / DESSIN N.L.

SITUATION
Ploeren, à 7 km à l'Ouest de Vannes par la N 165

PARKING
église

DÉNIVELÉE
altitude mini et maxi, dénivelée cumulée à la montée

55 m
30 m / 40 m /

BALISAGE
jaune

À DÉCOUVRIR...

> **En chemin :**
• demeure du château du Mézo

> **Dans la région :**
• Larmor-Baden : réserve naturelle de Pen-en-Toul, île Berder
• Plougoumelen : chapelle Notre-Dame-de-Béquerel, château de Pontsal • Vannes : porte Prison, remparts, quartier Saint-Patern, cathédrale Saint-Pierre, musée des Beaux-Arts La Cohue, port, lavoirs XIXᵉ
• Le Bono : ponts, tumulus de Kernous, chapelle Sainte-Avoye

FICAIRE / PHOTO P.B.

PATRIMOINE

LE MANOIR DU SIRE DE KERMENGUY

De style gothique, le manoir de Kermenguy est un bon exemple de résidence seigneuriale de la première moitié du XVe siècle. D'abord habité par le seigneur Jehan de Muzillac, sire de Kermenguy, il devient, en 1520, la propriété de Cyprienne de Rohan. Le manoir passe ensuite, en 1538, aux mains de Jacques de Sémaisons. Au siècle suivant, il devient propriété de la famille de Bréafor puis, en 1705,

de la famille de Monty qui le garde jusqu'à la Révolution. Le bâtiment est constitué de trois niveaux desservis par un escalier à vis installé dans une tourelle polygonale. Malgré quelques transformations effectuées au XIXe siècle, ce manoir est certainement l'un de ceux qui, dans la région vannetaise, en a subi le moins.

CHAPELLE
NOTRE-DAME-DE-BURGO /
PHOTO V.B.

Circuit de Botségalo

PR® 33

DIFFICILE

5H15 • 21KM

La balade dévoile une vue de la verdoyante vallée du Loc'h sur Grand-Champ. Durant des années, non loin du château de Penhoët, les roues à aube des moulins ont martelé l'eau de la petite rivière.

1 Emprunter la route en direction de Plumergat, à gauche, sur 20 m, puis bifurquer sur le chemin à gauche. Avant les maisons, tourner à gauche, continuer à gauche puis à droite et couper la D 779. Poursuivre vers le club canin, partir à gauche et prendre le chemin à droite sur 800 m.

2 À l'intersection, tourner à gauche et longer le domaine militaire. Suivre la limite et descendre dans le vallon du Burgo.

> Possibilité de gagner la chapelle Notre-Dame-de-Burgo à droite, à 300 m.

3 Se diriger à gauche vers Locméren-des-Prés. Passer la fontaine de Burgo et, à la première maison, tourner à droite. Avant Lério, monter à gauche, couper la D 133 et continuer en face sur 500 m. Virer à gauche. Avant le ruisseau, longer le vallon à droite, remonter, puis aller à gauche et gagner Kerhervé.

4 Au carrefour, obliquer à gauche, tourner encore à gauche, puis longer la route à gauche. Partir à droite vers Piriac, passer le moulin, franchir la rivière du Loc'h, contourner Limbloc'h et prendre la route à droite.

5 Partir à gauche et gagner le moulin de Kermenguy. Monter à Motten-Kermenguy. Prendre la route à droite, passer Kermenguy et emprunter la D 150 à droite. Après Botségalo, tourner à gauche vers Godivarh et arriver au croisement de Kerret.

> Boucle de Kerret *(2 km, 30 min)* **: aller à droite vers Kerret** *(panorama sur la vallée du Loc'h)***. Monter à droite sur 100 m, tourner deux fois à gauche, passer la fontaine puis la chapelle et revenir au croisement de Kerret.**

6 Poursuivre droit devant, puis prendre le chemin communal à droite. Au bout, tourner à gauche, couper la route et continuer par le chemin en face jusqu'à Kerrio. Dans le hameau, bifurquer à droite et emprunter la D 179 à gauche. Passer le pont de la Chênaie.

7 S'engager sur le chemin à gauche. Il rejoint le château de Penhoët. Longer le mur d'enceinte du château, quitter le domaine et suivre l'allée bordée de hêtres qui mène au bourg. Prendre la D 133 en direction de Plumergat pour retrouver le parking.

S SITUATION
Grand-Champ, à 15 km au Nord de Vannes par la D 779

P PARKING
Espace 2000, à 500 m du centre par la D 133 (direction Plumergat)

↗ DÉNIVELÉE
altitude mini et maxi, dénivelée cumulée à la montée

130 m

290 m

52 m

B BALISAGE
jaune

! DIFFICULTÉS !
• parcours sur la D 179 avant **7** • zone de chasse à la boucle **6** (se renseigner en mairie)
• terrain militaire entre **2** et **3** (peut être fermé pour cause de manœuvres)

À DÉCOUVRIR...

▷ En chemin :
• chapelle Notre-Dame-de-Burgo XVIᵉ • fontaine Notre-Dame-de-Burgo
• vue sur la vallée du Loc'h • Kermenguy : manoir et moulin
• château de Penhoët

▷ Dans la région :
• Grand-Champ : manoir de Kerléguen
• Brec'h : écomusée de Saint-Dégan
• Saint-Jean-Brévelay : chêne du Pouldu, dolmen de Roh-Koh-Koed
• Bignan : domaine de Kerguéhennec

PARDON À NOTRE-DAME-DES-SEPT-DOULEURS

La chapelle Notre-Dame-des-Sept-Douleurs reflète la foi et le dynamisme des habitants des environs. On y découvre les statues de sainte Barbe, saint Cornély, saint Georges et saint Joseph, témoins du culte populaire. Non loin, se niche la fontaine sacrée, parfois nommée fontaine de Bodéno, construite en 1720. Son arcade abrite des niches jumelles, malheureusement privées de leurs statues. Depuis 1896, le grand pardon de Kerhéro rassemble quelque cinq cents pèlerins chaque troisième dimanche de septembre. Plusieurs dizaines de cavaliers, dont les

EN ROUTE POUR LE PARDON / PHOTO CARTOPOLE

« Randonneurs de Lanvaux », participent à la procession et reçoivent, du haut de leurs montures, la bénédiction du prêtre. Le pardon s'achève par un repas servi à la salle polyvalente de Moustoir-Ac.

La **Chapelle Neuve**

Au plan géologique, le territoire communal est renommé pour ses pierres de croix ou « staurotides » sur des sites tels que Kéridon qui est la suite de la ligne de Keralbo et qui finit à Saint-Allouestre.

AULNE GLUTINEUX / DESSIN N.L.

❶ Quitter le parking et rejoindre la D 189. La longer à gauche jusqu'au moulin de Kerjosse puis prendre la petite route à droite. À Kerbédic, dans le virage, poursuivre par le chemin dans le prolongement, puis franchir le Tarun.

❷ Au carrefour, prendre le chemin à gauche. Il monte à Kerbarh. Suivre la D 189 à droite sur 100 m, le chemin à droite et tourner à gauche pour atteindre Locmaria. Traverser la D 189 pour entrer dans le hameau.

❸ Tourner à gauche, suivre la route à droite, puis la route tout droit pour rejoindre Guernic. Continuer par le large chemin (sud) qui mène aux stations de pompage, contourner la deuxième station et prendre deux fois à droite pour entrer dans la forêt domaniale de Floranges.

❹ Prendre le chemin à gauche, puis obliquer à gauche pour utiliser le passage (nord) au pied de hautes futaies. Emprunter le chemin à droite (sud-est), à angle aigu. Avant la route forestière, tourner à gauche, passer le carrefour de routes et continuer en face.

❺ Emprunter la route à droite (sud-est) sur 50 m, puis s'engager à gauche sur le chemin peu visible en limite de la forêt. Il longe le vallon, gravit la pente boisée à gauche, puis redescend dans la vallée du Goyerdon. Passer en bordure du ruisseau, ne pas franchir la passerelle à droite, puis grimper à gauche à travers bois. Prendre le chemin à droite et atteindre Kervolanec.

❻ Traverser le hameau, continuer en face par la route et, dans la descente, partir à droite. Tourner deux fois à gauche, puis emprunter à nouveau la route à droite. Au carrefour *(panorama sur la vallée du Tarun et le bourg de La Chapelle-Neuve)*, descendre à droite et franchir le Goyerdon.

❼ Prendre à gauche le chemin, franchir le Tarun, puis monter par la route à gauche. Au niveau de la station de lagunage, gravir le chemin à droite. À la D 117, ne pas suivre la route, mais obliquer à gauche vers les stades. Juste avant, tourner à droite et retrouver le parking du départ.

PR® **34**

MOYEN

3H30 • 14KM

S **SITUATION**
La Chapelle-Neuve, à 10 km à l'ouest de Locminé par la D 117

P **PARKING**
place de la Mairie

⟋ **DÉNIVELÉE**
altitude mini et maxi, dénivelée cumulée à la montée

B **BALISAGE**
jaune

À DÉCOUVRIR...

▷ **En chemin :**
• La Chapelle-Neuve : église, fontaine Notre-Dame-de-la-Fosse
• Locmaria : chapelle et croix
• vallée du Goyerdon

▷ **Dans la région :**
• Moustoir-Ac : rocher de Kervadail
• forêt de Camors
• site de Manéguen en Guénin

KERGUÉHENNEC, CENTRE D'ART CONTEMPORAIN

Au Moyen Âge, Kerguéhennec est un modeste fief dépendant de la seigneurie de Bignan, lieu de haute justice. Il devient au XVIIe siècle le siège de la vicomté de Bignan. Les banquiers hollandais protestants Hogguer rachètent en 1703, à la famille Du Garo de Kermeno, la seigneurie de Bignan dont le manoir est devenu la résidence principale. Olivier Delourme, architecte vannetais renommé, construit le château en 1710. Le domaine, qui appartient à la famille des Janzé au XIXe siècle, passe en 1872 au comte Paul-Henri Lanjuinais qui entreprend des travaux considérables. Propriété du département, Kerguéhennec est aujourd'hui un centre d'art réputé organisant expositions, concerts, séminaires, classes d'initiation, ateliers de pratique artistique.

CHÂTEAU ET CENTRE D'ART CONTEMPORAIN DE KERGUÉHENNEC / PHOTO Y.B.

Les **landes** de **Bignan**

Balade au cœur de la lande bretonne, avec calvaires, croix et fontaines au carrefour des chemins. Prenez garde d'y séjourner trop longtemps… On dit que l'Ankou, en quête d'âmes perdues, y rôde encore…

1 De la place de la Mairie, prendre la route de Locminé. Au calvaire, bifurquer à gauche vers Colpo, puis emprunter la voie la plus à droite. Suivre la D 150 à droite, la route à droite puis la route à gauche pour gagner le calvaire de Treuliec.

2 Prendre la route à droite jusqu'à l'entrée du Cosquer, bifurquer à gauche et, au niveau du plan d'eau, continuer par le chemin en face.

3 Dans la montée, s'engager sur le chemin à droite. Il mène à Prateler-Groëz. Prendre la route à gauche sur 150 m, se diriger à gauche vers Kerdanet et obliquer à gauche pour monter à Roscornec. Au croisement, tourner à droite, longer le bois et traverser à droite Les Fondrenn.

4 S'engager sur le chemin qui part en épingle à cheveux à gauche et atteindre Cohcastel. Au carrefour, prendre la route à droite. Laisser Kerdaniel à droite, puis partir à gauche et monter à flanc jusqu'à la fontaine Sainte-Nolwenn. Descendre par le sentier à droite au-dessus du Penhoët, puis remonter à gauche.

5 Avant d'arriver en haut de la butte, emprunter le chemin empierré à droite. Descendre à droite jusqu'à Poublay. Traverser le hameau à droite (Sud-Est), tourner à gauche et gagner Le Cohty. Prendre la route de Kergunu à gauche puis, au niveau du pignon d'une maison, s'engager à gauche sur le sentier qui mène à Kerhuilin.

6 Tourner à gauche et monter à Fontaine-Gol. Dans le hameau, virer à droite, franchir la colline, puis emprunter la D 181 à gauche jusqu'au Rest.

7 S'engager sur le chemin à gauche. Prendre la route à droite sur quelques mètres et traverser le hameau de Guérignan à gauche. Au carrefour en T, emprunter la route à gauche et retrouver le bourg de Bignan.

PR® 35

MOYEN

3H30 • 14KM

S SITUATION
Bignan, à 28 km au Sud-Est de Pontivy par les D 767 et D 1

P PARKING
place de la Mairie

↗ DÉNIVELÉE
altitude mini et maxi, dénivelée cumulée à la montée

178 m
100 m / 340 m

B BALISAGE
bleu

❗ DIFFICULTÉS !
• fortes pentes entre **4** et **6** • parcours sur la D 150 entre **1** et **2** et sur la D 181 entre **6** et **1**

À DÉCOUVRIR...

> En chemin :
• calvaire de Treuliec
• fontaine Sainte-Nolwenn

> Dans la région :
• Saint-Jean-Brévelay : chêne du Pouldu, dolmen de Roh-Koh-Koed
• Guéhenno : calvaire, église, hameau du Mont
• Callac : chemin de croix de la passion
• Josselin : château, musée de la Poupée

TRADITION

LE DERNIER SABOTIER DU MORBIHAN

Camors est sans nul doute la capitale du sabot. On a compté dans ce village de 2 400 habitants vingt-quatre saboteries employant une centaine de sabotiers. Claude Simon est aujourd'hui le dernier sabotier du département, installé depuis 1982 à la suite de son père. La forêt est proche et fournit le hêtre nécessaire à la fabrication. C'est toujours le sabot traditionnel qu'il fabrique, d'une seule pièce tout en bois, idéal pour le jardin. « Si tes sabots sont bien faits, tu trouveras à les vendre toute ta vie ! » disait son père. Le sabot de Camors comporte une lanière de cuir décoré d'une rosace entourée d'épis. Au premier coup d'œil, un professionnel reconnaît la provenance du sabot.

Au cours de l'été, les portes de l'atelier s'ouvrent aux visiteurs.

CLAUDE SIMON À L'OUVRAGE / PHOTO P.A.T.V.B.

L'eau en forêt de Camors

AIL DES OURS / DESSIN N.L.

La région est boisée et riche de forêts de chênes et précieux hêtres qui s'étendent sur plus de six cent quarante hectares. Il n'est pas étonnant que les sabotiers aient choisi ce lieu pour s'y installer.

1 Du parking de l'étang du Petit-Bois, emprunter la D 189 en montant, bifurquer à gauche. Passer une retenue d'eau, continuer droit devant puis emprunter à droite l'allée forestière.

2 Obliquer à gauche sur le sentier, atteindre la D 768 puis la longer à droite par le passage sécurisé jusqu'au carrefour. Prendre la route forestière à droite sur 600 m, puis la ligne à droite sur 800 m.

3 Au carrefour en T, aller à gauche. Près de la fontaine Blanche, traverser la route forestière puis virer à droite en angle aigu. Prendre l'allée forestière sur 300 m.

4 Juste avant la D 189, emprunter à gauche le chemin creux en sous-bois, parallèle à la route et atteindre la lisière. Traverser à droite la D 189, longer la lisière de la forêt, entrer à droite en sous-bois, passer la fontaine des Sabotiers, puis continuer par la route à gauche.

5 A la jonction avec le GR® 38, suivre la route forestière sur 450 m en face.

6 S'engager sur le sentier à droite. Ne pas emprunter la route forestière mais le sentier qui lui est parallèle, puis descendre à droite dans le vallon. Longer le ruisseau à droite sur plus d'1 km.

7 Tourner à gauche et franchir le ruisseau de la Motte. Longer la pièce d'eau par la droite, traverser la D 189 puis rejoindre le parking.

FORÊT DE CAMORS / PHOTO Y.B.

S **SITUATION**
Camors, à 30 km au Nord-Ouest de Vannes par les N 165 et D 768

P **PARKING**
salle polyvalente du Petit-Bois, à 800 m à l'ouest du bourg par la D 189

/ **DÉNIVELÉE**
altitude mini et maxi, dénivelée cumulée à la montée

119 m

40 m   140 m

B **BALISAGE**
bleu

! **DIFFICULTÉS !**
• passages humides entre **6** et **1** • parcours sur la D 768 entre **2** et **3**

À DÉCOUVRIR...

> **En chemin :**
• étang du Petit-Bois
• fontaine des Sabotiers
• forêt domaniale de Camors

> **Dans la région :**
• Baud : conservatoire régional de la Carte postale, Vénus de Quinipily
• Quistinic : hameau de Poul-Fétan, base de loisirs de Pont-Augan
• Guénin : église XVIIIe, site de Mané Guen
• Lambel : arboretum

PATRIMOINE

ALLÉE COUVERTE ET TUMULUS DE KERNOURS

Des sept dolmens de type coudé ou en équerre répertoriés entre les estuaires de la Loire et du Blavet, seul le tumulus du Rocher, ou allée couverte de Kernours, a conservé son tertre recouvrant la chambre funéraire. Pierres mégalithiques et panneaux constituent les parois et la voûte, le diamètre de l'ensemble atteint les vingt mètres. Une représentation en forme de morgate, appellation locale de la seiche, apparaît sur l'un des cinq piliers qui soutiennent l'édifice. On a retrouvé, autour du tumulus, les traces de six sépultures circulaires, datant de l'âge du fer.

Des fouilles archéologiques, entreprises au XIXᵉ siècle ont mis à jour silex taillés, armes, bijoux et un petit gobelet de cuivre cerclé de fer. Le site est propriété du département depuis 1981.

SITE MÉGALITHIQUE DE KERNOURS / PHOTO Y.B.

Les **deux rivières** du **Bono**

FACILE

2H40 •8KM

STERNES PIERRE-GARIN / DESSIN P.R.

Non loin d'Auray, se niche Le Bono où convergent la rivière du même nom et celle du Loch. Elles sont enjambées par l'ancien pont, inspiré de Gustave Eiffel, et du nouveau avec ses deux piliers inclinés.

1 Rejoindre le port.

2 Au bassin, prendre le quai à gauche et longer la rivière du Bono qui descend vers le Sud-Ouest *(vue sur les ponts, l'ancien inspiré du travail de Gustave Eiffel et le nouveau avec ses deux piliers inclinés).* Quitter la rivière, emprunter la rue Colbert puis la rue Jean-Mermoz, se diriger vers Kernours et son tumulus *(ensemble d'un tumulus néolithique et de tombelles datant de 2 500 ans avant Jésus-Christ ; lampe de poche nécessaire pour la visite du tumulus).*

3 Poursuivre en sous-bois et descendre sur la rive gauche de la rivière d'Auray. La longer jusqu'à la pointe de Berl *(vue sur l'entrée du golfe du Morbihan et sur Locmariaquer à l'horizon).*

4 Longer les chantiers ostréicoles et la baie de Kerdréan.

5 Au bout, avant le pont de pierre, tourner à gauche, puis monter à Kerdréan à gauche *(château XIIᵉ-XVIᵉ-XIXᵉ, avec un portail d'entrée en plein cintre, transformé en complexe hôtelier).* Utiliser la route d'accès du domaine.

6 S'engager sur le chemin de terre à gauche. Il se faufile entre des pâtures et mène à Minihy. Prendre la route à droite et monter à Botquelen.

7 Prendre le chemin des Chouans à gauche. Il contourne un lotissement. Emprunter la rue Jean-Jaurès à droite, traverser la D 101 et poursuivre en face pour rejoindre le parking.

S **SITUATION**
Le Bono, à 20 km à l'Ouest de Vannes par les N 165 et D 101

P **PARKING**
place de la Mairie

↗ **DÉNIVELÉE**
altitude mini et maxi, dénivelée cumulée à la montée

B **BALISAGE**
jaune

! **DIFFICULTÉS !**
traversée de la D 101 entre **6** et **1**

À DÉCOUVRIR...

▷ **En chemin :**
• vue sur les ponts du Bono
• tumulus de Kernours
• vue sur le golfe du Morbihan et la rivière d'Auray
• château de Kerdréan

▷ **Dans la région :**
• Larmor-Baden : cairn de Gavrinis, réserve naturelle de Pen-en-Toul
• Crac'h : parc du château de Plessis-Kaer
• Saint-Anne-d'Auray : basilique, musée du Costume breton
• Auray : port, rues et église de Saint-Goustan
• Brec'h : écomusée de Saint-Dégan

VOYAGE AU VILLAGE DE SAINT-LAURENT

La traversée du village de Saint-Laurent, autrefois désigné sous le nom de Cado – Rohello, est un voyage dans l'histoire. Au XVIIIe siècle, le groupe de maisons autour de la chapelle porte le nom de Saint-Laurent ; celui du milieu, Kerbascouret, celui du sud-est Driaz Ker. À cent mètres de la chapelle, se trouve le lieu des exécutions capitales de la seigneurie de Keravéon. Les fourches, destinées à la pen-

CHAPELLE DE SAINT-LAURENT /
PHOTO Y.B.

daison des criminels, s'élèvent à l'entrée du champ dit Er Potenneu, la potence, nom que l'on retrouve mentionné sur le vieux cadastre. La petite chapelle du XVIe siècle a dû en remplacer une plus ancienne. L'autel en pierre conserve encore sur le devant, la trace de trois écussons martelés, sans doute ceux des seigneurs de Talhouët-Keravéon.

Chapelles et fontaines de Ploemel

PR® 38

FACILE

3H • 10KM

A quelques kilomètres de la côte atlantique, la balade est vivifiante. A la chapelle Notre-Dame-de-la-Recouvrance, les femmes de marins, sans nouvelles de leurs conjoints, venaient ici prier la Vierge.

HERMINE / DESSIN P.R.

S SITUATION
Ploemel, à 25 km à l'Ouest de Vannes par les N 165, D 22 et D 105

P PARKING
mairie

/ DÉNIVELÉE
altitude mini et maxi, dénivelée cumulée à la montée

B BALISAGE
jaune

! DIFFICULTÉS !
parcours sur la D 119 entre **1** et **2** puis entre **6** et **7**

① Emprunter la D 119 en direction de Locoal-Mendon. Traverser la voie de chemin de fer et prendre à gauche la rue du Champ-d'Amour. Elle se transforme en chemin dans un sous-bois. Passer l'étang communal à droite et déboucher sur une route, à Poul-Hoc'h.

> Possibilité de voir le dolmen de Mané-Bogad situé à 400 m : prendre la route à gauche et tourner à gauche.

② Prendre à droite le chemin rural qui mène à Locmiquel. Traverser la route et continuer vers Saint-Laurent. A la croix, emprunter la route à gauche puis la route à droite.

③ Avant la chapelle Saint-Laurent, s'engager sur le chemin à droite. Il longe le golf. Traverser la route et continuer en face sur 500 m.

④ Au niveau de la ligne à haute tension, suivre le chemin à gauche. Emprunter la route à droite et se rendre à la chapelle et à la fontaine Saint-Cado. Prendre la route à droite.

⑤ S'engager sur le sentier à droite en direction de Locmiquel. Prendre la route à droite sur 100 m, puis longer le hameau à gauche et couper la D 186. Continuer par le chemin presqu'en face. Emprunter la route à droite et déboucher à Keraudran. Parcourir la route à gauche sur 50 m.

⑥ Prendre le chemin à droite, la D 119 à droite, puis la route à gauche sur 500 m et la route à droite sur 250 m.

⑦ S'engager à droite sur le chemin qui traverse le bois *(fontaine de Kerplat à gauche)*. Poursuivre par la route, franchir la voie ferrée et emprunter la route qui mène à l'église *(au Sud de l'église, chapelle Notre-Dame-de-la-Recouvrance destinée en Bretagne aux femmes de marins sans nouvelles de leurs époux)*. Rejoindre le point de départ.

À DÉCOUVRIR...

> En chemin :
• Saint-Laurent : chapelle XVIe, golf • Saint-Cado : fontaine et chapelle XVIe
• fontaine de Kerplat
• Ploemel : chapelle Notre-Dame-de-la-Recouvrance XVIe

> Dans la région :
• Plouharnel : musée de la Chouannerie
• Carnac : alignements mégalithiques, archéoscope
• Locmariaquer : site mégalithique de la Table des Marchands
• La Trinité-sur-Mer : port, pointe de Kerbihan

LES MESSAGES CODÉS DU SÉMAPHORE

Au début du siècle dernier, le sémaphore de Kerniscob permet, grâce à son mât décimal à dix chiffres, une communication codée à distance. Le mât, avec un système de plaque tournante, s'oriente et se déplace. Il a fonctionné ainsi jusqu'en 1927, date à laquelle le système décimal est remplacé par des projecteurs émettant

L'ANCIEN SÉMAPHORE / PHOTO CARTOPOLE

des signaux en morse et un système de pavillons à code international. Durant l'occupation, le sémaphore est incendié par les troupes ennemies. Il dresse ses ruines durant de nombreuses années avant d'être démoli par les services communaux en novembre 1976. Seule subsiste une tour ronde qui servait de support au mât. Les services de la marine l'appellent le sémaphore de Locmaria, de l'ancien nom de la paroisse de Quiberon.

Saint-Julien
Pointe du Conguel

Vous êtes au bout de la presqu'île de Quiberon, juste reliée au continent par un isthme fragile fait d'alluvions. Au loin, s'étale Belle-Ile, la bien nommée.

LISERON DES MERS / DESSIN N.L.

S SITUATION
Quiberon, à 45 km au Sud-Ouest de Vannes par les N 165 et D 768

P PARKING
place Saint-Julien, rue de la Petite-Côte

/ DÉNIVELÉE
altitude mini et maxi, dénivelée cumulée à la montée
15 m
5 m / 30 m

B BALISAGE
jaune

❶ Prendre la rue Petite-Côte en direction de la mer et longer le bord du littoral vers la droite.

❷ Poursuivre par le sentier côtier puis par la route côtière.

❸ Laisser le chemin du retour à droite et poursuivre par la route sur 50 m.

❹ Dans le virage, continuer à gauche par le sentier côtier et longer le port Haliguen. Juste après, suivre le boulevard des Emigrés et continuer par le sentier côtier jusqu'à la pointe du Conguel *(table d'orientation permettant d'identifier les îles et les ports)*.

❺ Continuer par le sentier qui longe l'autre côté de la pointe et déboucher sur une route transversale.

❻ La traverser et continuer en sous-bois le long du camping. Virer à gauche en angle aigu, passer le menhir du Goulvar, puis tourner à droite. Emprunter le boulevard de l'Aérodrome à gauche, puis la rue Joseph-Le-Brix à droite. Après le point d'eau, suivre à droite la rue Vauban.

❼ Prendre à gauche la rue des Douaniers. Longer la place de Port-Haliguen, suivre à gauche la rue de Port-Haliguen, puis à droite la rue du Mané. Traverser la rue Surcouf, continuer en face puis par la rue de Belle-Vue. Emprunter à droite la rue des Galets puis à gauche, l'impasse Er-Vad-Juner. Parcourir à droite le boulevard de Castéro.

❹ Continuer sur 30 m.

❸ Tourner à gauche et emprunter le chemin de Tal-Fetan qui se rétrécit. Poursuivre droit devant jusqu'à la chapelle Saint-Julien *(possibilité de visite)*. Prendre la rue des Joncs pour retrouver le parking.

À DÉCOUVRIR...

> **En chemin :**
• port Haliguen • point de vue de la pointe du Conguel • menhir du Goulvars • Saint-Julien : chapelle

> **Dans la région :**
• Plouharnel : abbayes Saint-Michel et Sainte-Anne-de-Kergonan, hameau de Sainte-Barbe
• Quiberon : point de vue de l'ancien sémaphore, côte sauvage
• Carnac : alignements mégalithiques, église Saint-Cornély, tumulus Saint-Michel
• Saint-Pierre-Quiberon : isthme de Penthièvre, chapelle de Lotivy

PATRIMOINE

QUAND LES MENHIRS PARTENT EN BALADE

L a commune s'enorgueillit d'avoir eu d'importants alignements mégalithiques sur son sol. Peu ont subsisté au fil des siècles. La Croix-Audran, que l'on découvre au bord de la route de Kervran, a probablement été taillée dans un menhir lors de la période de christianisation de la région. Selon une légende, les pierres de Plouhinec, constituant les alignements de Gueldro-Hilio, iraient tous les cent ans s'abreuver à la rivière « d'Intel ». Il faut alors faire vite pour découvrir les trésors qu'elles recèlent à leur pied et prendre garde au moment de leur retour. Quiconque n'a pas en main une branche de l'herbe de la croix, entourée de trèfles à cinq feuilles, périt écrasé. Les pierres, charmées par le démon, reprennent leur position pour un siècle.

MÉGALITHES À PLOUHINEC / PHOTO Y.B.

Plouhinec,
entre **terre** et **mer**

La terre a le goût des embruns venus du large. Le sel parfume les ajoncs et bruyères qui parsèment la lande. Au loin, s'étale la petite mer de Gâvre. A l'horizon, Port-Louis, Riantec et Lorient.

1 Emprunter le chemin plein Ouest *(ancienne voie ferrée)* sur 500 m, puis tourner à gauche. Couper la D 781, continuer en face, traverser Keryvon et, avant la dernière maison, s'engager sur le chemin à droite. Longer l'étang et poursuivre dans le bois. Au croisement, aller à droite et déboucher sur une route.

2 La prendre à droite sur 400 m en direction de Kerbavec, puis bifurquer sur la route à gauche et s'engager sur le chemin de terre à droite. Au bout, tourner à droite puis à gauche *(vue sur la petite mer de Gâvre ; à l'horizon : Port-Louis, Riantec et Lorient).*

3 Suivre le chemin à droite, franchir le vallon et gagner Brambis. Dans le hameau, tourner à gauche. Au carrefour de Groac'h-Carnec, emprunter la D 781 à gauche sur 300 m, puis s'engager sur le chemin de terre à droite. Il mène à Toul-Lann.

4 Bifurquer sur le chemin empierré à droite et gagner Saint-Sauveur. Traverser le hameau, poursuivre tout droit, emprunter un chemin à gauche, puis entrer à droite dans le bois. Couper la D 170 et continuer en face sur 500 m.

5 Se diriger à gauche sur 100 m, puis bifurquer à droite *(menhir à 50 m du bord du sentier).* Le chemin mène à Kerdaniel. Traverser le hameau et, au croisement, se diriger à droite. Laisser une voie à droite et poursuivre sur 200 m.

6 S'engager sur le chemin à droite, puis suivre le chemin à gauche et gagner Kervener *(chapelle Saint-Fiacre, chaumières et fontaine).* Avant la fontaine, tourner à droite, puis utiliser le passage à travers bois et se rendre à Pen-er-Pont. Prendre la route à gauche.

7 Dans le virage, partir à droite. S'engager sur le chemin à gauche *(menhir de Kerfourcher à gauche dans un champ).* Au bout, tourner à gauche, puis prendre la route à droite. Au croisement, entrer dans le bois à droite *(Sud-Ouest)* et revenir au point de départ.

PR® 40

MOYEN
3H30 • 14KM

S **SITUATION**
Plouhinec, à 15 km au Sud-Est de Lorient par les D 194, D 9 et D 158

P **PARKING**
La Gare, à 500 m au Nord du bourg par la D 170

☑ **DÉNIVELÉE**
altitude mini et maxi, dénivelée cumulée à la montée

B **BALISAGE**
jaune

! **DIFFICULTÉS !**
parcours sur la D 781 entre **3** et **4**

À DÉCOUVRIR...

> **En chemin :**
• vue sur la petite mer de Gâvres • Kervener : hameau pittoresque • menhir de Kerfourcher

> **Dans la région :**
• Belz : île et chapelle de Saint-Cado, Pont-Lorois • Port-Louis : musée de la Compagnie des Indes, citadelle • Erdeven : site mégalithique de Kerzerho, plages • Riantec : maison de l'Ile Kerner, chapelle de la Trinité xvᵉ

FAUNE ET FLORE
AU FOND DE LA RIA D'ÉTEL

Canards colverts, aigrettes, hérons et autres petits échassiers aiment à séjourner dans la ria d'Etel. Les rivières du Moulin du Palais, du Moulin de Saint-Georges, du Pont du Roc'h parcourent le site. Au fond, se niche la commune de Nostang, qui en breton Lostenk, signifie la queue des étangs. Jusqu'en 1850, Etel fait partie d'Erdeven. La pêche à la sardine constitue la richesse économique du pays, remplacée ensuite par la pêche au thon jusqu'en 1950. Sur les îles et presqu'îles fleurissent genêts et bruyères, digitales, ormes et chênes. La ria, dite en bouteille, offre un étroit débouché sur l'océan. À l'horizon, les eaux de la terre se mêlent à la mer avec violence jusqu'à la barre de rochers et de sables mouvants qu'on appelle barre d'Etel.

RIA D'ETEL / PHOTO Y.B.

Les **berges** du **Roch**

MOYEN

3H • 11KM

Au fond de la ria d'Etel se niche Nostang. Dans les vasières four-millent spatules, aigrettes et autres petits échassiers. L'homme a su aménager son espace avec harmonie : il est marin et paysan à la fois.

1 Rejoindre le village de gîtes, se diriger vers le pont, franchir le ruisseau du Roch et continuer sur 50 m.

2 Prendre le sentier côtier à droite sur 500 m, passer une aire de pique-nique *(vue sur les vasières)* et emprunter la route à gauche. Elle conduit à Saint-Ernan.

3 À l'entrée du hameau, s'engager sur le chemin à gauche. Poursuivre et, au croisement en T, prendre à gauche puis tourner à droite, longer le Loch et franchir le pont. Avant l'atelier municipal, s'engager à droite dans l'allée. Passer entre le cimetière et le terrain de football, couper la D 33 *(prudence !)*, et se diriger vers l'école Sainte-Anne.

4 À gauche de l'école, s'engager sur l'allée qui mène au Roch. Longer le ruisseau sur 800 m, franchir la passerelle Gérard à droite, puis la passerelle Anne-Cécile à gauche et poursuivre par le sentier jusqu'à Locqueltas. Descendre par la route à droite et passer le pont.

5 S'engager sur le chemin à gauche. Emprunter la route à gauche et franchir à nouveau la rivière.

6 Prendre le chemin à gauche, la route à gauche, laisser Magouëro à droite, traverser Kerédo et poursuivre par la route sur 500 m.

7 Emprunter la route à gauche et gagner Pont-Courio. Traverser la D 158 et continuer par le large chemin en face. Au bout, tourner à gauche. Prendre la route d'accès à Kerchir à gauche sur 30 m puis partir à droite afin de rejoindre la chapelle Saint-Cado et le hameau de Kergoh.

8 Parcourir la D 33 à gauche jusqu'à la fontaine. Prendre le chemin (rue) du Ty-Ru à droite et gagner la place du Calvaire. Utiliser le chemin creux à droite pour rejoindre le village de gîtes.

S SITUATION
Nostang, à 20 km à l'Est de Lorient par les N 165 et D 33

P PARKING
village des gîtes Le Remoulin

/ DÉNIVELÉE
altitude mini et maxi, dénivelée cumulée à la montée

31 m

5 m | 100 m

B BALISAGE
jaune

! DIFFICULTÉS !
• terrain très humide en hiver entre **1** et **4**
• parcours sur la D 33 avant **7**

À DÉCOUVRIR...

> **En chemin :**
• château de Rongouët
• Saint-Symphorien : chapelle, hameau pittoresque • chapelle Saint-Cado

> **Dans la région :**
• Etel : port, rivière, Barre d'Etel • Belz : île de Saint-Cado, Pont-Lorois • Landaul : châteaux de Kerambourg, Kerambarh, quenouille Sainte-Brigitte • Locoal-Mendon : pointe de la Forêt

ÉCONOMIE
PROSPÉRITÉ AVEC L'USINE DE KERGLAW

Pour répondre aux besoins des nombreuses conserveries bretonnes, Emile et Henry Trottier créent en 1860 une fonderie à Lochrist. Elle s'étend progressivement jusqu'à l'île de Locastel en Lochrist pour devenir dès 1885, les forges d'Hennebont. Devenues propriété de la Société des Cirages Français en 1882, les forges s'adaptent aux nouvelles techniques, employant jusqu'à trois mille ouvriers en 1936, produisant 33 199 tonnes de tôle, 9292 tonnes de fer blanc et 915 tonnes de moulages d'acier. Mais, face à la concurrence européenne, l'établissement ferme ses por-

tes en 1966. L'écomusée, qui occupe aujourd'hui l'ancien laboratoire des essais sur métal, retrace les techniques, l'identité de la communauté et l'héritage du mouvement ouvrier.

ECOMUSÉE DES FORGES / PHOTO F. L.D.

Mané Braz
Bois de Trémelin

La variété des paysages est au rendez-vous. Entre bocages, collines et plateaux, l'on découvre ici, un jardin, là un bois, un peu plus loin un ruisseau où un étang où sommeillent la carpe et le goujon.

1 Se diriger vers la pointe Sud de l'île de Locastel *(vue sur la rivière du Blavet entre les deux ponts)*. Emprunter la passerelle pour rejoindre le centre culturel et l'église.

2 Descendre en face, déboucher sur les étangs de Kerprat et remonter par le jardin public *(fontaine et lavoir)*. A la sortie, poursuivre la montée sur 100 m.

3 Monter dans le bois à droite et poursuivre par le parcours sportif de Mané-Braz. Contourner le stade par la gauche jusqu'à l'entrée. Descendre par la rue du Stade, se diriger vers la cité des Ajoncs et atteindre le ruisseau, la fontaine et le lavoir.

> Variante de Mané-Braz *(circuit de 5 km)* : tourner à droite, passer au village de Poulherveno puis tourner à gauche pour trouver le point 11.

4 Tourner à gauche, longer la D 145 à droite, puis emprunter à droite la rue qui mène à l'auberge de jeunesse.

5 A l'arrière de l'auberge, pénétrer dans le bois de Trémelin. Prendre la route à droite.

6 Suivre le chemin à gauche sur 900 m.

7 A l'intersection, continuer en face. Le chemin zigzague, puis descend à travers bois.

8 Au parking, tourner à droite, longer l'étang de Ty-Mat et continuer sur 800 m. Monter à droite.

9 Aller à gauche. Tourner à gauche.
Le chemin zigzague sur le plateau. Descendre à gauche, prendre la route à droite. Descendre de nouveau à gauche et atteindre la lisière du bois.

10 Prendre le chemin à gauche sur 400 m.

11 Partir à gauche et longer le ruisseau jusqu'à Ty-Henri. Prendre la route à gauche et le chemin à droite pour atteindre le parc du Bunz *(ancienne maison et parc des Forges)*. Franchir la passerelle, longer le stade d'eau vive de canoë-kayak et traverser le jardin public afin de retrouver le point de départ.

S **SITUATION**
Inzinzac-Lochrist, à 15 km au Nord-Est de Lorient par les N 165, D 724 et D 145

P **PARKING**
Eau Vive sur l'île de Locastel

∕ **DÉNIVELÉE**
altitude mini et maxi, dénivelée cumulée à la montée

95 m

10 m / 210 m

B **BALISAGE**
jaune

! **DIFFICULTÉS !**
• bien suivre le balisage dans le bois de Trémelin entre **7** et **10** • forte montée entre **9** et **10** • parcours sur la D 145 entre **4** et **5**

À DÉCOUVRIR...

> **En chemin :**
• vue sur le Blavet • bois de Trémelin • étang de Ty-Mat • parc du Bunz

> **Dans la région :**
• Inzinzac-Lochrist : écomusée industriel des Forges • Hennebont : haras national, remparts, basilique Notre-Dame-de-Paradis XVIe
• Pont-Scorff : parc zoologique

FAUNE ET FLORE
LE SAUMON REMONTE LE SCORFF

Ce sont les pêcheurs qui se rendent compte les premiers de la diminution des saumons dans le Scorff. En 1994, le

PÊCHEUR À LA MOUCHE SUR LE SCORFF / PHOTO Y.B.

Conseil supérieur de la pêche décide de concevoir la station de Pont-Scorff pour comptabiliser le nombre de poissons et ainsi, mieux gérer la ressource. L'établissement, installé sur le site du Moulin des Princes, a été baptisé Odyssaum, centre d'interprétation du saumon sauvage. On y découvre, tout au long de cinq espaces, la vie de ce poisson fabuleux, capable de parcourir des milliers de kilomètres dans l'océan avant de revenir dans sa rivière natale pour s'y reproduire et mourir. Le saumon remonte le cours d'eau au printemps et de juin jusqu'à fin août. Chacun est soigneusement identifié, mesuré et pesé. On peut y voir passer des spécimens de 6,5 kilos !

Saint-Urchaud

Le manoir a pris le nom de Saint-Urchaud au xviie siècle ; il aurait été celui d'un charpentier de la Compagnie des Indes. Ne pouvant remonter le Scorff, les embarcations faisaient halte dans le petit port.

① Aller au fond de la place, descendre les escaliers et poursuivre sur 70 m. Avant le pont, se faufiler à droite entre deux maisons et longer le Scorff. Passer la laiterie et traverser le bois de Pistol.

SAUMON / DESSIN P.R.

② Tourner à gauche vers le château de Saint-Urchaud et le dépasser. Franchir le ruisseau et gagner la ferme de Saint-Urchaud. Continuer en face sur 180 m, virer à gauche et monter par le chemin dans le bois. Emprunter la route à gauche pour traverser Pen-Mané.

③ S'engager sur le sentier à droite, bifurquer à gauche et prendre la route à droite sur 500 m. Après Kermorgan, emprunter la route à gauche sur 100 m.

④ Descendre par le chemin à gauche sur 50 m, puis prendre le chemin à droite. Traverser deux routes et le parking du zoo de Pont-Scorff. Au bout du parking, prendre à droite la voie verte.

> Variante par la vallée du Scave *(circuit de 12 km ; 3 h)* **: voir tracé en tirets sur la carte** *(passages très humides en période de pluie).*

⑤ Par la voie verte, longer la D 6 à droite sur 600 m. Emprunter le passage souterrain et s'engager sur un chemin à gauche, il conduit à Keryaquel.

⑥ Prendre la rue principale à droite (nord) et poursuivre par la route jusqu'au centre de dressage pour chiens d'aveugle. Bifurquer sur le chemin à gauche. Dans le quartier de Ty-er-Park, emprunter la rue à droite, puis la D 6 à gauche vers l'église. Tourner à droite et passer la cour des Métiers-d'Art pour regagner la place de la Maison-des-Princes.

S SITUATION
Pont-Scorff, à 11 km au Nord de Lorient par les N 165 et D 6

P PARKING
maison des Princes

/ DÉNIVELÉE
altitude mini et maxi, dénivelée cumulée à la montée

47 m
5 m / 75 m

B BALISAGE
jaune

À DÉCOUVRIR...

> **En chemin :**
• maison des Princes xve
• Saint-Urchaud : château, ferme • Keryaquel : fontaine, chapelle et lavoir • Pont-Scorff : cour des Métiers d'Art

> **Dans la région :**
• Pont-Scorff : zoo, Odyssaum • Lorient : cité de la Voile Éric Tabarly, maison de la Mer, cimetière de bateaux, navire de découverte Thalassa • Hennebont : parc de Kerbihan, remparts, haras national • Inzinzac-Lochrist : écomusée industriel des Forges

FAUNE ET FLORE

ESPACE NATUREL DU MARAIS DU LOCH

La zone humide du Loch, traversée par la rivière la Saudraie, couvre quelque 130 hectares; elle est gérée par la fédération des chasseurs du département. Le grand polder, autrefois utilisé par les agriculteurs, est devenu une zone d'accueil pour de nombreux oiseaux. Trois observatoires et un sentier d'interprétation permettent de les découvrir en toute tranquillité. Un troupeau de poneys, New-Forest, entretient le site. Dans l'estuaire poussent l'asphodèle d'Arrondeau et l'ail des ours. Y prospèrent le grand cormoran, le héron cendré et le grèbe castagneux. La majeure partie du marais du Loch, la dune du Pouldu, les vallons de la Pitié et du Pouldu, les forêts du Rocher Royal et de Coat-Roual sont propriétés du département qui veille à leur protection.

PHOTO C.Y.

Entre **Loc'h** et **Laïta**

Dans la vallée de la Laïta, convergent l'Isole et l'Ellé. Le sentier longe une retenue d'eau qui s'étale sur huit hectares. Mouettes rieuses, canards colverts, hérons cendrés, aigrettes y font halte.

1 Du parking de Villeneuve-Ellé, franchir le vallon en direction du court de tennis.

2 Au rond-point, suivre la route du Poulboudel à droite sur 300 m.

3 Prendre à gauche le chemin du Loc'h. Poursuivre et arriver à une bifurcation.

> Possibilité de longer soit la rive gauche soit la rive droite de la Saudraye en utilisant le pont en bois des Chasseurs.

4 Longer par endroits le ruisseau de la Saudraye.

5 100 m avant le moulin d'Orvoën, après avoir traversé la passerelle, monter par le chemin à gauche, puis arriver près de l'allée aux arbres *(portant le prénom et la date de naissance des enfants de Guidel)*. Couper la route et poursuivre par l'allée. Emprunter la D 306 à droite sur 50 m, utiliser le passage piéton. S'engager sur le chemin parallèle à la D 306. Le sentier en face rejoint l'allée des Arbres aux Enfants. Continuer sur 800 m. Dans le bois, tourner à gauche.

6 Dans le deuxième bois, virer à gauche et se diriger vers Brunénant. Traverser le hameau en restant à gauche. A la sortie Sud, s'engager sur le chemin à droite. Il descend vers l'étang de Beg-Nénez. En bas, emprunter le chemin à droite. Il mène à la D 162. Ne pas traverser la route, mais en haut de Beg-Nénez, descendre à gauche, passer le hameau et parcourir la route.

7 Franchir la digue du moulin de Beg-Nénez, bifurquer à droite dans le bois et prendre le chemin qui longe la rivière Laïta jusqu'au port de plaisance de Guidel. Traverser le port, utiliser l'escalier, passer les restaurants et parcourir le trottoir sur 500 m.

8 Traverser la D 152 à gauche. Après les pins, entrer dans le vallon de La Villeneuve-Ellé et retrouver le centre aéré.

IRIS DES MARAIS / PHOTO C.Y.

S SITUATION
Guidel, à 15 km au Nord-Ouest de Lorient par les N 165 et D 306

P PARKING
Villeneuve-Ellé (centre aéré de Guidel-Plage) par la route de Poulboudel

✓ DÉNIVELÉE
altitude mini et maxi, dénivelée cumulée à la montée

45 m
5 m / 140 m

B BALISAGE
jaune

! DIFFICULTÉS !
• passages humides en saison pluvieuse entre **3** et **6** puis **7** et **8**
• traversée de la D 306 entre **5** et **6** (utiliser le passage aménagé) et de la D 152 en **8**

À DÉCOUVRIR...

> En chemin :
• allées des arbres aux enfants • étang du Loc'h • moulin de Beg-Nénez • rive de la Laïta

> Dans la région :
• Guidel : chapelle Saint-Fiacre, chapelles et fontaines

ÉCONOMIE

MARCO POLO PARLE DÉJÀ DU KAOLIN

Le gisement de kaolin de Ploemeur a été découvert en 1904 par Paul François. La roche est ici un granite blanc de l'anticlinal de Cornouaille qui s'est formé il y a 300 millions d'années. Le site est exploité par la Société Denain Anzin Minéraux. Il est passé d'une production artisanale de 2 000 à 160 000 tonnes aujourd'hui, soit la moitié de la production française. Grâce à plusieurs traitements, le site permet également de produire chaque année 200 000 tonnes de sable de quartz et 20 000 tonnes de mica, utilisé notamment dans l'industrie navale et automobile. Le kaolin était tradition-nellement utilisé dans la fabrication de la porcelaine ; il entre aujourd'hui dans la composition de carrelages, fibre de verre, peintures et autres isolateurs haute-tension.

ETANG DU PETIT LOCH À GUIDEL / PHOTO F. L.D.

Les **sables** de **Ploemeur**

Tels les douaniers au début du siècle, longez le sentier côtier, les yeux rivés sur l'horizon bleuté. Quelques forts, aujourd'hui gardiens silencieux, parsèment la côte. Au loin, s'étale l'île de Groix.

1 Sur le parking de la D 152 *(direction de Larmor-Plage)*, près du golf Ploemeur Océan, traverser la route et se diriger en face. Prendre le sentier côtier à gauche (sud), passer la pointe de Courégant et déboucher sur la D 152.

2 La traverser et aller en face. Après les habitations, prendre le sentier à gauche et se rendre à Kerguen. Après le hameau, poursuivre par la route, passer la chapelle Saint-Léonard et continuer sur 280 m.

3 Prendre la route à gauche sur 100 m, couper la route transversale, puis continuer par le sentier qui traverse le site de Kaolin.

4 À la bifurcation *(barrière)*, tourner à gauche. A l'intersection, virer à droite et longer Keryan par la gauche. Emprunter la route à gauche, couper la D 162E et poursuivre en face. Se faufiler entre les maisons de Kergoat et continuer vers l'étang de Lannénec. Passer sur la rive, puis arriver à Saint-Adrien.

5 Traverser le hameau, puis tourner à droite pour rejoindre les berges de l'étang et continuer en direction de Fort-Bloqué.

6 Couper la route et poursuivre à gauche dans la lande pour rejoindre la plage. Longer la côte à gauche sur 1 km, puis emprunter la D 152 à droite. Face au camping, s'engager sur le sentier à droite et parvenir à la hauteur de la plage des Kaolins. Partir à gauche, traverser la D 152 et rejoindre le parking.

OPHRYS ABEILLE / DESSIN N.L.

À DÉCOUVRIR...

> **En chemin :**
• plage des Kaolins
• hameaux de Kerguen, Keryan et Saint-Adrien
• chapelle Saint-Léonard XVIIIe • étang de Lannénec
• Sentier d'interprétation des Kaolins

> **Dans la région :**
• Lorient : cité de la Voile Éric Tabarly, maison de la Mer, cimetière de bateaux, navire de découverte Thalassa
• Hennebont : remparts, haras national

S SITUATION
Ploemeur, à 5 km à l'Ouest de Lorient par la D 162

P PARKING
premier parking de la plage des Kaolins, à 3 km au Sud-Ouest du bourg

/ DÉNIVELÉE
altitude mini et maxi, dénivelée cumulée à la montée

32 m

5 m / 40 m

B BALISAGE
jaune

! DIFFICULTÉS !
traversée de la D 152 en **2** et de la D 162E entre **4** et **5**

LES SENTIERS DE GRANDE RANDONNÉE

DANS LA RÉGION

GR®

Sentiers
de Grande
randonnée®

N'importe où...

mais jamais sans elle !

la Licence

Rejoignez un club et prenez votre licence ; vous bénéficierez :

→ **D'une assurance adaptée et performante**
→ **D'avantages et services**

Et en plus, vous contribuerez aux actions menées par la Fédération Française de la Randonnée Pédestre :

→ **Création** et balisage des itinéraires de randonnée (GR® - GRP® - PR®)
→ **Entretien** des chemins et sentiers de France
→ **Protection de l'environnement**

Rejoignez nous
randonnez l'esprit li

www.ffrandonnee.fr

Pour toute information :
Centre d'informations de la Fédération Française de la Randonnée Pédestre
tél. 01 44 89 93 93

LA ROCHE-BERNARD / PHOTO Y.B.

Randonneurs, vous êtes des observateurs privilégiés de la nature, aidez-nous à la préserver !

Eco-veille®

La FFRandonnée, aux côtés d'autres partenaires, œuvre pour le balisage et l'entretien des sentiers que vous empruntez. Nous ne pouvons être partout tout le temps. Aidez-nous en nous signalant les anomalies que vous pourriez rencontrer au cours de vos randonnées sur les itinéraires et autour (balisage manquant, arbre en travers d'un chemin, dépôts d'ordures…).

Pour cela, procurez-vous des fiches Eco-veille® auprès du Comité départemental de la randonnée pédestre ou des partenaires de ce dispositif (offices de tourisme, hébergeurs...) ou sur le site Internet :

assoc.wanadoo.fr/rando56

✓ De nombreux partenaires ont participé à l'aboutissement du topo-guide réalisé par le Comité départemental de la randonnée pédestre du Morbihan sous la direction de son président, Alfred Osti.

✓ Il convient de remercier : le Conseil général du Morbihan, la Direction départementale de l'équipement (aménagement de la servitude de passage des piétons le long du littoral), le Comité départemental du tourisme, les Offices du tourisme et les Syndicats d'initiative, les Syndicats intercommunaux, les Groupements de communes, les Communes, les associations locales et les bénévoles.

✓ Les communes, pays d'accueil, communautés de communes, assurent le balisage et l'entretien des circuits aidés par les baliseurs de la Fédération française de la randonnée pédestre.

✓ Ont participé à la description des circuits : Pierre Beldame, Alain Bergeron, Claude Bondarneau, Clément Daniel, Monique Dubois, Bernard Lefèvre, Joseph Le Palud, Alfred Osti, Daniel Saingre, Valérie Bablée et Danièle Hureau . `

✓ Le texte « Découvrir le Morbihan », les articles thématiques de découverte qui accompagnent les itinéraires et les introductions aux descriptifs ont été écrits par Tugdual Ruellan.

✓ La saisie de l'ensemble des textes, la recherche d'informations, de thèmes, d'illustrations ont été réalisés par Valérie Bablée.

✓ Coordination : Alfred Osti et Valérie Bablée

✓ Les photographies sont de Pierre Beldame (P.B.), Yvon Boëlle (Y.B.), Edmond Boucard (E.B.), Jacqueline et Jean Cantaloube (J.C.), Bernard Charmentray (B.C.), Patrick Chefson (P.C. / Bretagne Vivante – SEPNB), CDRP 56, CDT 56, Conservatoire régional de la carte postale (Cartopole), Conserverie La Quiberonnaise (C.L.Q.), Robert Coudray (R.C.), Philippe Dufour (Ph.D.), Christian Itty (C.I. / FDC 56), David Lédan (D.L.), Tiphaine Le Borgne (T.L.B. / mairie de St-Avé), François Le Divenah (F.L.D.), Pays d'accueil touristique de la vallée du Blavet (P.A.T.V.B.), Pierre Roudault (P.Ro.), de Valérie Bablée (V.B.) et du Syndicat du Scorff.

✓ Les illustrations sont de Nathalie Locoste (N. L.) et Pascal Robin (P. R.).

✓ Responsable de production éditoriale : Isabelle Lethiec. Développement et suivi collectivités territoriales : Patrice Souc et Emmanuelle Rondineau. Assistante : Sabine Guisguillert. Secrétariat d'édition : Philippe Lambert, Marie Fourmaux. Cartographie et couverture : Olivier Cariot, Frédéric Luc. Mise en page et suivi de fabrication : Jérôme Bazin, Manon Alarcon, Marine Léopold. Lecture et corrections : Marie-France Hélaers, Anne-Marie Minvielle, Josette Barberis, André Gacougnolle, Michèle Rumeau. Création maquette et design couverture : MediaSarbacane

Le Conseil général du Morbihan a été partenaire de la Fédération Française de la Randonnée Pédestre pour l'édition de ce topo-guide.

THÉMATIQUE

Achevé d'imprimer en France sur les presses de Chirat (Saint-Just-la-Pendue), sur papier issu de forêts gérées durablement.